GW00673430

GERALD HÜTHER

LIEBLOSIGKEIT
MACHT KRANK

GERALD HÜTHER

LIEBLOSIGKEIT
MACHT KRANK

Was unsere Selbstheilungskräfte stärkt
und wie wir endlich gesünder und
glücklicher werden

HERDER

FREIBURG · BASEL · WIEN

Der Abdruck des Gedichts *Stufen* auf S. 172 erfolgt mit freundlicher Genehmigung aus: Hermann Hesse, Sämtliche Werke in 20 Bänden. Herausgegeben von Volker Michels. Band 10: Die Gedichte. © Suhrkamp Verlag Frankfurt am Main 2002. Alle Rechte bei und vorbehalten durch Suhrkamp Verlag Berlin.

© Verlag Herder GmbH, Freiburg im Breisgau 2021
Alle Rechte vorbehalten
www.herder.de

Satz: Daniel Förster, Belgern
Herstellung: GGP Media GmbH, Pößneck

Printed in Germany

ISBN Print: 978-3-451-60099-9
ISBN eBook: 978-3-451-82120-2

INHALT

IRREN IST MENSCHLICH ...

Wir Menschen sind sonderbare Wesen. Keinem Tier und erst recht keiner Pflanze muss erklärt werden, was sie tun sollten, um gesund zu bleiben. Sie alle, die Sonnenblumen und Kuckuckslichtnelken, die Grashüpfer und Nacktschnecken, die Dachse und Iltisse, ja sogar die Affen wissen von ganz allein, was ihnen guttut und was sie brauchen, um möglichst lange gesund zu bleiben, einen Fortpflanzungspartner zu finden und Nachwuchs zu bekommen. Na ja, dass sie es »wissen« ist vielleicht der falsche Ausdruck, sie tun es einfach, machen alles so, wie es gut für sie ist. Ihre über viele Generationen durch Mutation und Selektion optimierten genetischen Programme steuern die Herausbildung ihrer körperlichen Merkmale, die Regulation ihres Stoffwechsels, auch die Herausbildung ihres Gehirns und damit auch ihr jeweiliges Verhalten ganz von allein. Und das geschieht immer so, dass sie möglichst lange gesund bleiben und möglichst viele, möglichst gesunde Nachkommen haben. Ungünstig ist nur, dass sie mit ihren festgefügten genetisch programmierten Gehirnen dann auch kaum noch etwas Neues dazulernen können. Deshalb werden sie krank und sterben aus, wenn sich die Welt, in der sie leben, zu verändern beginnt. Verantwortlich dafür sind allerdings schon seit langem nicht sie selbst oder ihre genetischen Programme, sondern wir Menschen, weil wir ihre bisherige Lebenswelt zerstören. Und am anfälligsten für alle möglichen Erkrankungen werden all jene Tiere, die wir nach unseren Vorstellungen gezüchtet und aufgezogen haben. Die sind uns in Bezug auf ihre Krankheitsanfälligkeit am ähnlichsten.

Wir stammen zwar von tierischen Vorfahren ab, sind aber doch ganz anders als sie unterwegs. Der Grund dafür ist unser zeitlebens lernfähiges Gehirn. Mit dem können wir so gut wie alles lernen, was uns andere Menschen beibringen, und noch besser all das, was sie uns tagtäglich selbst vorleben. Leider gehört dazu auch vieles, was uns später krank macht. Wir wissen nicht von allein, was gut für uns ist. Wir müssen es erst im Lauf unseres Lebens herausfinden. Jeder und jede Einzelne, aber auch wir alle zusammen.

Und wer nicht aus sich selbst heraus weiß, wo es entlanggeht, kann sich eben auch allzu leicht auf seiner Suche nach einem glücklichen, erfüllten und gesunden Leben verirren. Leider bemerken wir das aber oft erst dann, wenn es zu spät ist und wir bereits krank geworden sind.

Hier liegt also der große Unterschied zwischen uns und den Tieren und Pflanzen. Im Gegensatz zu ihnen lassen wir uns nicht von den aus dem eigenen Körper kommenden Signalen und unseren natürlichen Empfindungen leiten, sondern von irgendwelchen Vorstellungen, die wir von anderen übernommen oder die wir uns selbst zusammengebastelt haben. Wir leben nicht so, wie wir sollten, um gesund zu bleiben, sondern wir leben so, wie wir das aufgrund dieser Vorstellungen für richtig halten. Selbst dann, wenn uns das danach gestaltete Leben krank macht.

Mit all diesen Vorstellungen im Kopf haben wir es weit gebracht. Ihnen sind wir gefolgt und haben uns eine Lebenswelt geschaffen und Lebensmöglichkeiten eröffnet, von denen kein Tier auch nur zu träumen imstande ist. Wir haben die Welt, in der wir leben, ständig nach unseren jeweiligen Vorstellungen verändert. Immer schneller, immer nachhaltiger, immer effektiver. Und auf diese Weise haben wir uns ein Problem eingehandelt, das die Tiere und Pflanzen nicht kennen. Im Gegensatz zu uns brauchen die sich – durch sehr langsame und nur gelegentlich auftretende, vorteilhafte Veränderungen ihres Erbgutes – einfach nur innerhalb der von ihnen bewohnten Lebensräume zu behaupten, müssen also nur möglichst gesund und reproduktiv bleiben. Weil sie diese einmal erschlossene Lebenswelt kaum selbst verändern – außer wenn sie sich zu stark vermehren, aber das machen sie ja nur für kurze Zeitspannen –, können diejenigen Tiere und Pflanzen dann auch besonders gut überleben, die sich am besten an diese jeweilige Lebenswelt, ihre ökologische Nische, angepasst haben.

Das diesem Leben zugrunde liegende Prinzip kennen wir nun schon seit Darwins Theorie vom »Survival of the Fittest« zur Genüge, und die weltweite Verbreitung dieser Vorstellung als »Evolutionstheorie« war enorm erfolgreich. Sie ist als eine grundlegende Vorstellung von dem, worauf es im Leben ankommt, also der Stärkste, der Beste, der Cleverste und der Erfolgreichste zu sein, tief in unseren Gehirnen verankert. Das Problem, das entscheidende Problem ist nur, dass diese Theorie vom »Überleben der am besten Angepassten« eben nur für all jene Lebewesen gilt, die ihren eigenen Lebensraum selbst nicht allzu sehr verändern. Wie die Sonnenblumen also, oder die Grashüpfer, die Dachse und sogar die Affen. Für uns Menschen trifft das allerdings nicht zu. Wir müssen uns ständig verändern und an die von uns selbst verursachten neuen Gegebenheiten anpassen. Die aus Darwins Theorie abgeleitete Vorstellung, im Leben möglichst erfolgreich sein zu müssen, verleitet uns dazu, ein Leben zu führen, das uns mit all dem sich daraus ergebenden Zwang zum Wettbewerb, zum Erfolg, zu Höchstleistungen und allem, was uns irgendwie hilft, »fitter« als alle anderen zu werden, früher oder später krank macht.

In einer sich durch unser eigenes Handeln ständig verändernden Lebenswelt können wir nur dann gesund bleiben, wenn wir als erkenntnisfähige Menschen bereit sind, uns selbst auch ständig mit zu verändern. In der Lage dazu wären wir schon. Jedenfalls haben wir ein Gehirn, das uns dazu befähigt. Und manche tun das ja auch und bleiben gesund. Aber wie viele Menschen sind heutzutage bereit, sich selbst auch ständig weiterzuentwickeln? Wie viele haben den Mut, sich auf die Herausforderungen, die das Leben für sie bereithält, auch immer wieder neu einzulassen? Wie kann jemand lernen, sie zu meistern, solange sie oder er sich ihnen nicht zu stellen wagt und sie anzunehmen bereit ist? Weiterentwicklung ist ja etwas völlig anderes als die bloße fortwährende Anpassung an die jeweiligen von uns selbst geschaffenen Verhältnisse. Ent-Wicklung bedeutet ja genau das Gegenteil: nämlich die Selbstbefreiung aus all den Ver-Wicklungen, in die wir durch unsere bisherigen Vorstellungen geraten sind. Diese Verwicklungen sind es, die uns krank machen.

Das ist der zentrale Ansatz, den ich in diesem Buch vorstellen möchte: Krank werden wir nicht davon, dass uns von außen etwas Krankmachendes überfällt oder ereilt. Krank werden wir deshalb, weil wir das, was uns krank macht, für etwas halten, das uns glücklich machen soll. Und dafür sind wir bereit und haben leider auch allzu gut gelernt, völlig lieblos mit uns selbst und mit anderen umzugehen. Viele Menschen sind auf der Suche nach möglichst viel Anerkennung, Erfolg, Reichtum und Besitz lieblos geworden. Anderen war es besonders wichtig, alles im Leben zu optimieren und zu kontrollieren, oft sogar sich selbst. Auch das hat sie lieblos gemacht. Manche wünschen sich, von anderen gebraucht, von ihnen beschützt und umsorgt zu werden Aber es ist nicht liebevoll, die Verantwortung für sich selbst an andere abzugeben. Auch dann nicht, wenn es sich dabei um Götter, Herrscher oder andere Mächtige handelt.

Gern dürfen Sie dieser Aufstellung noch weitere Vorstellungen davon hinzufügen, worauf es im Leben ankommt. Keine einzige davon trägt dazu bei, dass jemand, indem er ihr konsequent folgt, davon gesund bleibt oder schneller wieder gesund wird. Die meisten dieser Vorstellungen sind bestenfalls dazu geeignet, das krankmachende Leben, das wir führen, noch ein paar Jahre länger auszuhalten.

Ja, ich meine es ernst! Was die Pest im Mittelalter war, sind in den heutigen, hoch entwickelten Industriestaaten die immer häufiger werdenden chronischen körperlichen oder psychischen Erkrankungen. Die bekommt man aber nicht von Rattenflöhen und irgendwelchen von ihnen übertragenen Erregern, sondern weil es zu viele Menschen gibt, die ihre Freude, ihre Lebendigkeit und alle spielerische Leichtigkeit hinreichend nachhaltig und oft über viele Jahre hinweg unterdrückt haben, um so perfekt wie möglich zu funktionieren: als Lebenspartner, als Kind ehrgeiziger, oft auch noch zerstrittener Eltern, beim ständigen Wettbewerb um Bedeutsamkeit, um Macht und Einfluss und die besten Positionen – in der Schule, im Berufsleben, oft auch in allen anderen Bereichen unseres Zusammenlebens. Weil so viele Menschen lieblos mit sich selbst umgehen, werden so viele von ihnen krank.

Auch die Erreger der Pest, die von Rattenflöhen übertragen wurden und die den Bewohnern ganzer Landstriche im Mittelalter den Tod brachten, waren nur vordergründig die Ursache dieser verheerenden Epidemie. Die Pesterkrankungen waren in Wirklichkeit eine zwangsläufige Folge der katastrophal unhygienischen Verhältnisse, unter denen die Menschen in den damaligen Städten lebten. Sie bildeten den idealen Nährboden, auf dem die Ratten sich ungehindert ausbreiten und prächtig gedeihen konnten. Weil die religiösen Anführer damals meinten, Katzen seien Verbündete des Teufels, wurden diese natürlichen Rattenbekämpfer nun auch noch massenhaft umgebracht. Hinzu kam, dass sich die Bewohner dieser Städte einfach nicht darum kümmerten, ihre Behausungen von Ungeziefer freizuhalten – weil ihnen etwas anderes viel wichtiger war: den Reichen all das, wovon sie glaubten, dass es sie glücklich macht, und den Armen die Vorstellung, in diesen mittelalterlichen Städten besser und glücklicher leben zu können als in den Dörfern, aus denen sie kamen. Lieblosigkeit überall.

Ja, atmen Sie jetzt gern tief durch. Das ist eine etwas andere Betrachtungsweise als die, die Sie bisher in den meisten Gesundheitsratgebern gefunden und möglicherweise auch für zutreffend gehalten haben. Deshalb gleich noch einmal: Was uns krank macht, sind nicht die psychischen Belastungen, die körperlichen Abnutzungserscheinungen oder die vielen Krankheitserreger, die überall umherschwirren. Krank werden wir deshalb, weil wir unser Leben nach Vorstellungen gestalten, die uns krank machen. Um gesund zu bleiben, müssten wir uns also von diesen Vorstellungen befreien. Dazu werden wir allerdings erst dann imstande sein, wenn wir etwas finden, vielleicht auch einfach nur etwas wiederfinden, das für uns bedeutend wichtiger und anziehender ist als all die bisher von uns verfolgten, verwickelten und krankmachenden Vorstellungen.

Glücklicherweise gibt es etwas, das uns Menschen zwangsläufig, also ganz von allein, aus all diesen Verwicklungen befreit und in eine Ent-Wicklung führt. Jedenfalls dann, wenn wir es in uns selbst finden oder besser: wiederfinden oder vielleicht auch einfach nur zulassen. Es hat in jedem Kulturkreis den schönsten Namen, den sich die dort lebenden Menschen vorstellen können. Und es ist das, wovon dieses Buch handelt: LIEBE, LOVE, AMORE ...

Aber bevor Sie jetzt mit einem verklärten Blick in Ihrem Sessel versinken: Diese Liebe, die hier gemeint ist, hat nichts mit dem zu tun, was die meisten Menschen dafür halten. Deshalb rede ich hier auch nicht von der Liebe. Das haben andere vor mir hinreichend oft getan, und es hat nicht dafür gesorgt, dass wir uns heute einig sind, worum es sich dabei wirklich handelt. Worum es mir in diesem Buch geht, ist die Lieblosigkeit. Denn was sie bedeutet, hat wohl jeder Mensch, überall auf der Welt, irgendwann im Leben schon am eigenen Leib erfahren müssen. Und jeder weiß auch, was er tun müsste, um etwas liebevoller mit sich selbst und mit anderen umzugehen. Was mich interessiert und was ich hier darstellen möchte, sind die Folgen von lieblosen Einstellungen und Verhaltensweisen gegenüber sich selbst, gegenüber anderen Menschen und auch gegenüber anderen Lebewesen.

Noch vor wenigen Jahren wäre eine solche Betrachtung nicht möglich gewesen und sehr wahrscheinlich im Esoterikregal der Buchhandlungen gelandet. Aber inzwischen ist eine solche Vielzahl an neuen naturwissenschaftlichen und medizinischen Untersuchungen zu unserem bisherigen Erkenntnisstand hinzugekommen, dass der Titel dieses Buches keine These mehr ist, sondern eine unabweisbare, objektiv nachgewiesene Tatsache: Lieblosigkeit macht krank.

1. WAS HÄLT UNS GESUND?

Das tiefe Wissen einer Kultur offenbart sich in den Worten, die von den dort lebenden Menschen für die von ihnen wahrgenommenen Phänomene gefunden worden sind. »Lieblosigkeit« ist so ein besonderes Wort. Lieblosigkeit macht Menschen unglücklich, zerstört Beziehungen, untergräbt Vertrauen und, ja, macht eben auch krank. Über viele Generationen hinweg haben unsere Vorfahren das immer wieder beobachtet und dann irgendwann dafür diesen einen, alles umfassenden Begriff der »Lieblosigkeit« gefunden. Das ist interessant, aber wirklich spannend wird es, wenn wir nun nach einem Begriff suchen, der zum Ausdruck bringt, was uns gesund macht. Der müsste ja das Gegenteil von Lieblosigkeit bezeichnen. Aber »Liebevollheit« oder »Liebhaftigkeit« gibt es in unserer Sprache nicht. Weshalb eigentlich? Genauso, wie sie beobachtet und verspürt haben, was uns krank macht, müssten unsere Vorfahren doch auch erkannt haben, was uns gesund macht. Oder kann es sein, dass es gar nichts gibt, was uns gesund machen kann, dass Gesundheit etwas ist, das sich immer wieder von ganz allein einstellt? Das würde bedeuten, dass jeder lebende Organismus aus sich selbst heraus einen Zustand anstrebt, den wir »Gesundheit« nennen.

Gesund auf die Welt zu kommen und gesund zu bleiben, wäre dann genauso normal und selbstverständlich wie lebendig zu sein. Und für das, was uns lebendig macht, haben wir ja auch kein Wort. Wohl aber für all das, was unserem Leben ein vorzeitiges Ende bereitet: ein tödlicher Unfall, Mord, Blutvergiftung, Organversagen. Wir können verhungern, verdursten und ersticken, ja sogar unser Leben selbst beenden. All das kann uns zustoßen und dazu führen, dass wir sterben. Aber wieder lebendig machen kann uns nichts und niemand.

Mit der Freiheit ist es genauso. Wir alle bringen das Bedürfnis, unser Leben selbst zu gestalten, schon mit auf die Welt. Wir tragen also die Sehnsucht nach Freiheit von Anfang an in uns. Deshalb kann uns auch nichts und niemand auf der Welt frei machen. Wir sind es schon und wollen es auch alle bleiben. Aber uns dieser Freiheit zu berauben, das ist durchaus möglich. Sogar auf sehr vielfältige Weise und nicht nur durch die Maßnahmen und Anordnungen anderer. Manche bauen sich sogar freiwillig ein Gefängnis unfrei machender Vorstellung ins eigene Gehirn. Grundsätzlich ist die Fähigkeit, sich zu entfalten, das Leben mit all seinen Möglichkeiten, die es uns bietet, zu ergreifen, glücklich zu werden und gesund zu bleiben jedoch von Anfang an in jedem Menschen angelegt.

Etwas, das von ganz allein entsteht und sich normalerweise auch immer wieder von ganz allein herausbildet, braucht nichts und niemand, der es »macht«. Das müssen unsere Ahnen auf der Suche nach Worten für die von ihnen beobachteten Phänomene bereits verstanden haben. Sie waren in der Lage zu erkennen, was Menschen unfrei, unglücklich oder krank macht. Dafür haben sie auch Worte gefunden, die wir noch heute verwenden. Aber das, was sie frei, glücklich und gesund werden ließ und sie am Leben erhielt, konnten sie weder beobachten noch messen. Für etwas, das immer da ist, weil es ein Grundmerkmal des Lebendigen ist, braucht es keinen Begriff, das lässt sich nicht mit Worten beschreiben.

So leben, wie es unserer Natur entspricht

Was wir für die Aufrechterhaltung und Wiederherstellung unserer Gesundheit tun können, wäre also nichts anderes, als so zu leben, wie es unserer Natur entspricht. Wir müssten uns einfach nur so ernähren, dass alle Zellen in unserem Körper das bekommen, was sie brauchen, um all das möglichst gut tun zu können, was sie lebendig bleiben lässt. Und natürlich müssten wir auch unserem Körper als Ganzem all das bieten, was er braucht, um gesund zu bleiben. Viel Bewegung gehört genauso zu seiner Natur wie frische Luft zum Atmen und sauberes Wasser zum Trinken. Und die Nervenzellen in unserem Gehirn brauchen Phasen der Beanspruchung, aber auch Zeit für Entspannung und Erholung. Hektik und Schlafmangel entspricht nicht ihrer Natur. Zu viel Durcheinander im Hirn auch nicht.

Was unser Körper alles braucht, um gesund zu bleiben, ist inzwischen bis ins kleinste Detail erforscht. Die Kinder lernen es schon im Kindergarten oder der Schule. Es lässt sich in Sachbüchern und Gesundheitsmagazinen nachlesen, wird im Rundfunk und Fernsehbeiträgen beschrieben und als Audio- und Videodateien im Internet verbreitet. Längst sind es also nicht mehr mangelndes Wissen oder fehlende Gelegenheiten, sich dieses Wissen anzueignen, was so viele Menschen daran hindert, ihr Leben so zu gestalten, dass sie gesund bleiben. Wie in zahlreichen anderen Bereichen haben wir kein Erkenntnis-, sondern ein Umsetzungsproblem.

Auch durch noch weiter verbesserte Aufklärung wird sich das nicht überwinden lassen. Denn was Menschen dazu bringt, ihren bisherigen Lebensstil und ihr Verhalten zu verändern, ist nicht die objektive Beschreibung dessen, was ihrer Natur entspricht und deshalb gesund für sie wäre. Wenn ihnen das, was sie auf diese Weise erfahren, nicht unter die Haut geht, passiert auch nichts in ihren Gehirnen. Und unter die Haut geht einem Menschen eine solche Information nur dann, wenn sie in ihr oder ihm ein Gefühl auslöst, also zu einer Aktivierung emotionaler Bereiche im Gehirn führt. Erst dann bekommt das Gelesene oder Gehörte für die betreffende Person auch eine subjektive Bedeutung. Erst dann ist sie bereit, darüber nachzudenken, sich ihrer ungesunden Lebensweise auch selbst bewusst zu werden und diese wieder in Einklang mit den natürlichen Bedürfnissen ihres Körpers zu bringen.

Auf die Signale aus dem eigenen Körper achten

Normalerweise brauchen wir Menschen gar keine Ratgeber, die uns vor Augen führen, was alles ungesund ist. In die natürliche Beschaffenheit unseres Körpers ist von Anfang an die Fähigkeit eingebaut, ein entsprechendes Signal zu erzeugen und zum Gehirn weiterzuleiten, wenn wir etwas tun – und dadurch im Körper etwas ausgelöst wird –, das uns nicht guttut. Das ist beispielsweise dann der Fall, wenn wir ein körperliches Bedürfnis verletzen, wenn wir etwa zu wenig schlafen, zu viel oder zu wenig trinken oder essen, uns körperlich überlasten, zu lange irgendwo herumsitzen oder zu wenig Sauerstoff einatmen. Wenn also etwas nicht mehr so ist, wie es natürlicherweise sein sollte, meldet sich der Körper und leitet eine entsprechende Botschaft nach oben, zum Gehirn, weiter.

In der Regel ist dieses Signal stark genug, um im Gehirn entsprechende Reaktionsmuster auszulösen, die geeignet sind, die aufgetretene Störung abzustellen. »Stark genug« ist ein solches Signal aber nur dann, wenn es von der betreffenden Person nicht nur einfach wahrgenommen wird, sondern wenn sie ihm ihre Aufmerksamkeit zuwendet und die damit einhergehende Aktivierung emotionaler Bereiche nicht unterdrückt. Erst dann erlangt diese aus dem eigenen Körper kommende Botschaft für diese Person auch eine subjektive Bedeutung. Jetzt erst wird sie ihr Verhalten so verändern, dass dann auch im Körper alles wieder besser zusammenpasst. Beispielsweise, indem sie aufhört, etwas zu tun, das ihr nicht guttut.

Jetzt werden Sie schon ahnen, dass es auch Menschen gibt, die recht gut gelernt haben, sich über diese Botschaften aus ihrem eigenen Körper und über ihre körperlichen Bedürfnisse hinwegzusetzen. Ihnen war in ihrem bisherigen Leben etwas anderes wichtiger als ihre körperliche Gesundheit. Oft mussten solche Personen bereits während ihrer Kindheit die Erfahrung machen, dass es für sie und ihr Wohlergehen wichtiger war, die Erwartungen ihrer wichtigsten Bezugspersonen, ihrer Eltern, Erzieher oder Lehrer, oft auch der Gleichaltrigen ihrer Peer Group zu erfüllen, als auf die aus ihrem Körper kommenden Signale zu achten. Sie haben die Wahrnehmung dieser Botschaften deshalb zu unterdrücken gelernt. Dabei sind dazu geeignete, hemmende Netzwerke in ihrem Gehirn entstanden. Deshalb spüren solche Personen ihren Körper mit seinen Signalen auch später im Leben nicht mehr empfindlich genug, die von dort zum Gehirn weitergeleiteten Signalmuster haben für sie keine Bedeutung mehr.

Die seelischen Grundbedürfnisse stillen

Wir Menschen sind zutiefst soziale Wesen. Auch wenn wir das bisweilen nicht wahrhaben wollen, sind wir als Einzelwesen nicht überlebensfähig. Als kleine Kinder ohnehin nicht, aber auch später im Leben sind wir auf andere angewiesen. Alles, was wir wissen und können, haben wir von anderen übernommen. Ohne sie hätten wir weder Laufen noch Sprechen gelernt, geschweige denn Lesen und Rechnen, auch nicht Fahrradfahren oder einen Computer zu bedienen. Jede und jeder von uns ist einzigartig, aber wir alle sind ein jeweils spezifisch ausgeformtes soziales Konstrukt. Deshalb ist es kein Wunder, dass wir alle die Nähe und Geborgenheit, auch die Wertschätzung und Anerkennung anderer Menschen suchen.

Wenn wir uns von anderen als nicht gesehen, nicht beachtet oder gar als abgelehnt und ausgegrenzt erleben, werden im Gehirn die gleichen Netzwerke aktiviert, die auch durch körperliche Schmerzen erregt werden. Dieses sehr schmerzhafte Gefühl entsteht im Gehirn immer dann, wenn wir mit Geschehnissen konfrontiert werden, die unsere beiden psychischen Grundbedürfnisse verletzten. Das ist zum einen das Bedürfnis nach Zugehörigkeit und Verbundenheit und zum anderen das nach Autonomie und Freiheit. Sie sind genauso stark und gehören ebenso zu unserer Natur wie Hunger und Durst, Beanspruchung und Erholung.

Aber noch viel stärker als die Stillung dieser körperlichen Bedürfnisse hängt die Stillung dieser beiden seelischen Grundbedürfnisse von den anderen Menschen ab, mit denen wir zusammenleben. Nicht wir selbst, sondern nur sie können uns ihre Zuneigung verweigern, uns aus der Gemeinschaft ausschließen oder uns auf andere Weise spüren lassen, dass wir nicht so dazugehören dürfen, wie wir sind, sondern erst dann, wenn wir ihre Erwartungen erfüllen und ihren Vorstellungen entsprechen. Und mit dieser Forderung verletzen sie auch noch unser Bedürfnis nach selbstbestimmter Lebensgestaltung, also nach Autonomie und Freiheit.

Wir müssten also unser Zusammenleben künftig so gestalten, wie es unserer Natur als zutiefst soziale Wesen entspricht. Dann könnten wir auch gesund bleiben oder schnell wieder gesund werden.

Zurückfinden, wenn wir uns verirrt haben

Kein anderes Lebewesen verändert seinen eigenen Lebensraum und seine eigenen Lebensbedingungen so grundlegend, so nachhaltig und inzwischen auch so rasch wie wir Menschen. Unsere Spezies ist daher die einzige, die nur überleben kann, indem sich ihre Mitglieder selbst ständig weiterentwickeln. Und uns als Menschen tatsächlich weiterentwickeln – also die in uns angelegten Potentiale entfalten und nicht nur ständig neue Technologien und Überlebensstrategien erfinden – können wir nicht als Einzelkämpfer. Das gelingt nur gemeinsam. Wenn wir also auf diesem Planeten überleben wollen, müssen wir lernen, unser Zusammenleben konstruktiver als bisher zu gestalten: miteinander statt gegeneinander, verbindend statt trennend, achtsam statt rücksichtslos.

Dass unser Gehirn nicht durch genetische Anlagen programmiert wird, sondern zeitlebens umbaufähig, also lernfähig bleibt, ist eine atemberaubende Erkenntnis. Sie stellt all jene Vorstellungen radikal auf den Kopf, die wir bisher als Rechtfertigungen für das Misslingen der Bemühungen um Veränderungen und Weiterentwicklungen nicht nur in unseren Bildungseinrichtungen, sondern auch in Politik und Wirtschaft und vielen anderen Bereichen unserer Gesellschaft verantwortlich gemacht haben. Aber wirklich bemerkens- und bedenkenswert ist nicht diese neue Erkenntnis der lebenslangen Umbau- bzw. Lernfähigkeit des menschlichen Gehirns an sich, sondern der Umstand, wie langsam sie sich ausbreitet, wie zögerlich sie von den meisten Menschen angenommen, ernst genommen und deshalb auch umgesetzt wird. Denn die wichtigste Schlussfolgerung aus der Erkenntnis der lebenslangen Plastizität des menschlichen Hirns lautet doch zwangsläufig: Es gibt bei uns keine biologischen Anlagen mehr, die uns zu dem machen, was wir sein könnten. Wir müssen selbst herausfinden, worauf es im Leben ankommt und wie es gelingen kann, glücklich und gesund zu bleiben. Und danach sind wir alle auf der Suche, überall auf der Welt.

Für die meisten Menschen beginnt diese Suche allerdings nicht in ihrem Inneren, bei sich selbst, sondern draußen, bei den anderen. Sie wollen gesehen und beachtet werden und versuchen deshalb, ihr Leben so zu gestalten, dass sie möglichst viel von dem erreichen, was sie in den Augen all jener, die ähnlich unterwegs sind, bedeutsam macht: Einfluss, Macht und Reichtum, ebenso wie Statussymbole, Stellungen oder Positionen, durch die sie sich als wertvoll erleben. Solange sie sich so sehr darum bemühen und dabei einigermaßen vorankommen, verstärken und verfestigen sich die dafür und dabei in ihren Gehirnen aktivierten neuronalen Verschaltungsmuster. So bekommen sie ein Hirn, mit dem sie immer besser in der Lage sind, ihre eigenen Positionen zu stärken und sich auf Kosten anderer durchzusetzen. Am erfolgreichsten beschreiten diesen Weg all jene, die schon sehr früh und deshalb besonders nachhaltig gelernt haben, andere möglichst geschickt zu Objekten ihrer jeweiligen Ziele und Erwartungen, ihrer Belehrungen und Bewertungen, ihrer Maßnahmen und Anordnungen zu machen.

So kann man leben, aber sich als Persönlichkeit weiterentwickeln, seine Würde bewahren, achtsam sein, dauerhaft glücklich und gesund oder gar ein liebevoller Mensch werden, kann man weder, indem man andere in dieser Weise benutzt, noch sich selbst von anderen für die Durchsetzung von deren Interessen benutzen lässt. Um unser Zusammenleben so gestalten zu können, dass es uns selbst und den anderen guttut, bedarf es nur einer winzig kleinen Veränderung: Wir dürften uns nicht länger gegenseitig zu Objekten unserer jeweiligen Interessen und Absichten, unserer Erwartungen und Bewertungen und unserer Belehrungen und Maßnahmen machen. Stattdessen könnten wir versuchen, einander als Subjekte zu begegnen. Dazu müssten wir bereit und in der Lage sein, uns selbst als autonome Personen zu zeigen, in all unserer Verletzbarkeit, mit unseren tiefsten Bedürfnissen, mit der ganzen Vielfalt von Erfahrungen, die jeder und jede von uns gemacht hat und die unsere Einzigartigkeit ausmachen. Und genau so müssten wir dann auch jeden anderen Menschen betrachten und ihn zu erkennen versuchen: als autonome Person, die genau wie wir selbst als Suchende in einer Welt unterwegs ist, in der man sich nur allzu leicht verirren kann.

Das menschliche Hirn ist zeitlebens umbaufähig und es ist nie zu spät, sich aus einmal gebahnten Mustern des eigenen Denkens, Fühlens und Handelns zu lösen und wieder zu einem selbstverantwortlichen, selbstbestimmten Subjekt zu werden, also zu seinem authentischen Selbst zurückzufinden.

Sein bisheriges Leben kann niemand ändern. Was vergangen ist, ist vorbei. Aber jeder Mensch kann sich zu jedem Zeitpunkt seines Lebens dafür entscheiden, fortan anders zu leben. Etwas bewusster vielleicht, etwas liebevoller gegenüber sich selbst und auch anderen gegenüber. Mehr im Einklang mit sich und der Natur, zuversichtlicher und auch wieder etwas neugieriger. Versuchen Sie es einmal: Sie können andere Personen, statt an ihnen vorbeizugehen als wären sie Luft, anlächeln. Sie können andere einladen, ermutigen und inspirieren, sich auf eine neue Erfahrung einzulassen, statt ihnen zu sagen, was sie und wie sie etwas machen sollen. Es ist auch nicht so schwer, sich bei allem etwas mehr Zeit zu lassen, die Nahrungsmittel, die Sie zu sich nehmen, sorgfältiger auszuwählen und sich auch körperlich gelegentlich zu betätigen. Es schadet nichts, wenn Sie dabei ins Schwitzen geraten. Wer sich darauf einlässt, beginnt auch wieder, sich zu spüren. Und dann erwacht plötzlich wieder die Freude am sich Bewegen, Wandern und Radfahren, am Singen, Tanzen und Musizieren. An allem, was Sie gesund erhält. Das geht ganz leicht, damit können Sie noch heute beginnen. Und wenn Sie sich in dieser Weise auf den Weg machen, entwickelt sich – von ganz allein – auch ein anderes Lebensgefühl als bisher. Und damit ändert sich dann Ihr Leben von ganz allein. Es wird wieder freudvoller, liebevoller, auch würdevoller. Und wer anderen mit diesem Gefühl begegnet, wird erleben, wie ansteckend es ist. So ändert sich dann nicht nur das eigene Leben, sondern auch das Zusammenleben mit anderen Personen. Es passt dann alles wieder besser, macht Sie glücklicher und hält Sie gesund.

Am besten gelingt das alles jedoch in einer Gemeinschaft mit anderen, indem man sich gemeinsam auf den Weg macht. Bisweilen geschieht es bei solchen Begegnungen, dass Menschen einander berühren und dadurch selbst im Inneren berührt werden. Dann beginnen sie, sich selbst zu fragen, was für ein Mensch sie sein wollen und wofür sie das ihnen geschenkte Leben nutzen wollen. Dann lernen sie wieder, achtsam mit sich selbst, mit anderen Menschen, vielleicht auch mit der Vielfalt des Lebendigen umzugehen.

Glückliche Menschen
werden selten krank

Auch wenn sich das viele Menschen wünschen: ein Leben ohne Probleme und Sorgen, mit massenhaft Geld, ständig wachsendem Erfolg und Wohlstand und der Sicherheit, sich jeden Wunsch erfüllen zu können, wird sie doch niemals glücklich machen. Denn das Gefühl von Glück kann im Gehirn nur dann entstehen, wenn sich das, was wir im Augenblick erleben, sehr positiv von dem unterscheidet, was wir vorher erlebt haben. Wenn dort ständig »Friede, Freude, Eierkuchen« herrschte und wir in einem Schlaraffenland lebten, in dem es uns an nichts fehlt, bliebe die Tür sogar für das allerwinzigste Glücksgefühl für immer völlig verschlossen.

Diesen von uns allen ersehnten Zustand, in dem wirklich alles dauerhaft zusammenpasst, werden wir niemals erreichen, solange wir noch am Leben sind. Wir brauchen diese ständigen Störungen, diese unangenehme Erfahrung, dass schon wieder etwas nicht so ist, wie wir uns das wünschen. Nur wer hinreichend stark unglücklich war, kann erleben, wie es sich anfühlt, nun auf einmal glücklich zu sein.

Am glücklichsten macht es uns, wenn wir aus eigener Kraft einen Weg finden, der uns hilft, unsere körperlichen und seelischen Bedürfnisse immer wieder stillen zu können. Jedes Mal, wenn uns das gelingt, springen die Belohnungszentren im Mittelhirn an, und es werden von den dort liegenden Nervenzellen diese besonderen Botenstoffe freigesetzt, die unser Gehirn in einen Zustand versetzen, als hätten wir eine Dosis Kokain und Heroin gleichzeitig eingenommen. »Aha«-Erlebnisse machen uns glücklich, der passende Einfall, die geeignete Lösung für ein schwieriges Problem, auch eine gut gemeisterte Herausforderung oder eine gelungene Versöhnung nach langem Streit und natürlich ein endlich erreichter Erfolg nach lauter Misserfolgen.

Im Gehirn einer Person, die eine solche Erfahrung machen durfte – die sie vielleicht auch erst dadurch machen konnte, weil sie sich lange genug dafür eingesetzt hatte –, kommt es zur Freisetzung ganz besonderer Botenstoffe, die ähnlich wie ein Dünger auf dem Acker das Auswachsen von Nervenzellenfortsätzen und die Neubildung von Nervenzellkontakten im Gehirn anregen. Wer also solch ein Glücksgefühl häufiger erlebt, dessen Gehirn wird auch besser »gedüngt«, oder deutlicher: in dessen Gehirn kann das neuroplastische Potential, also die Fähigkeit zur Regeneration und Selbstheilung, besser zur Entfaltung kommen. Das dürfte der Grund dafür sein, dass besonders »aufgeweckte«, sehr kreative Menschen mit dem, was sie tun, meist auch sehr glücklich sind. »Wer da hat, dem wird gegeben«, heißt die dazu passende Bibelstelle.

Es gibt Menschen, die schon als Kinder, dann später als Schüler und auch noch als Erwachsene immer wieder die Erfahrung machen, dass ihnen etwas gelingt, was anfangs noch sehr schwierig aussah, oder die immer wieder eine Lösung für ein Problem finden, das sie schon längere Zeit beschäftigte. Solche Personen erleben dann nicht nur den jeweiligen Augenblick des Gelingens als ein Glücksgefühl. Sie entwickeln aus dieser wiederholt gemachten Erfahrung eine besondere innere Einstellung: die eines glücklichen Menschen. Davon gibt es nicht allzu viele. Und man begegnet solchen Personen häufiger dort, wo das Glück nicht so leicht mit äußerem Erfolg verwechselt wird.

Solche Personen brauchen weder andere, die sie und ihre Besitztümer bewundern, noch brauchen sie Einfluss, Macht und Reichtum oder irgendwelche Statussymbole, Stellungen oder Positionen, um sich als wertvoll und bedeutsam zu erleben und glücklich zu sein.

Sie verfügen über einen inneren Kompass, der ihr Denken und Handeln leitet, und sie passen auf, dass er ihnen nicht abhandenkommt. Dieser Kompass ist das, was sie als ihre eigene Würde beschreiben. Sie lassen sich von niemandem einreden, dass sie noch alles Mögliche brauchen, um glücklich zu sein. Plakate, Werbespots, Ratgeber und Angebote für ein besseres Leben empfinden sie als unwürdige Versuche, sie so zu behandeln, als könnten sie nicht selbst denken und eigene Entscheidungen treffen. Sich ihrer Würde bewusste Menschen nehmen von anderen Personen auch keine Angebote und Leistungen an, deren Bereitstellung die Würde der Erbringer dieser Angebote und Leistungen verletzt. Sie gehen nicht dorthin, wo Menschen sich für Geld zur Schau stellen, sie besuchen kein Bordell, und sie kaufen auch keine Produkte, für deren Herstellung andere Menschen ausgebeutet und ausgenutzt werden. Würdevolle Menschen erleben sich aus sich selbst heraus als wertvoll und bedeutsam. Auch wird niemand, der sich seiner Würde bewusst geworden ist, andere Menschen würdelos behandeln, sie also zum Objekt eigener Absichten, Bewertungen oder gar Maßnahmen machen.

Es sind noch nicht sehr viele Menschen, die ihrem inneren Kompass folgen, aber es werden immer mehr. Eine wachsende Zahl vor allem junger Menschen ist nicht mehr bereit, den alten tradierten Vorstellungen zu folgen oder ihr Leben wie in einem Hamsterrad zu verbringen und sich dabei selbst und anderen Lebewesen zu schaden. Und wenn es uns in Zukunft als Familien, als Nachbarn, als Mitglieder eines Teams gelingt, einander als Subjekte zu begegnen und würdevoll miteinander umzugehen, ist die Entfaltung der in jedem Einzelnen wie auch der in der betreffenden Gemeinschaft angelegten Potentiale unvermeidbar. Menschen, die ihr Leben und ihr Zusammenleben mit anderen so gestalten, können auch Rückschläge aushalten, aber sie sind und bleiben tief in ihrem Inneren glücklich und deshalb – zwangsläufig und von ganz allein – auch gesund.

2. WAS MACHT UNS KRANK?

Selbstverständlich gibt es krankmachende Erreger, Einzeller, Bakterien und Viren, die uns befallen können. Aber unser Körper verfügt eben auch über sehr effektive Abwehrmechanismen. Die sind normalerweise in der Lage, das Eindringen und die Vermehrung dieser Keime recht wirksam und auch nachhaltig zu verhindern, zumindest solange unser Immunsystem nicht geschwächt ist. Deshalb macht uns alles anfällig für diese Erreger, was unser körpereigenes Immunsystem schwächt.

Selbstverständlich gibt es auch genetische Ursachen für bestimmte Erkrankungen. Aber diese Anlagen allein machen uns nicht krank. Sie führen jedoch dazu, dass unsere Körperzellen versuchen, diese genetisch bedingten Defizite oder Veränderungen ihrer Funktionsweise irgendwie auszugleichen, damit sie selbst – und dann auch wir – nicht daran erkranken oder sterben. Diese zellulären »Rettungsversuche« sind aber oft nur Notlösungen, die selbst wiederum zu einer ganzen Kette von »Nebenwirkungen« auf andere Zellen und in anderen Organen führen. Die Störungen, die dann in Form bestimmter Symptome zutage treten, betrachten und behandeln wir zwar als Erkrankungen, aber in Wirklichkeit sind sie nur die Folgen dieser notdürftigen Versuche unserer Körperzellen, ihre genetisch bedingten Handicaps auszugleichen.

Selbstverständlich gibt es auch körperliche Verletzungen, Wunden, Knochenbrüche, sogar den Verlust von Körperteilen durch äußere Einwirkungen, beispielsweise als Folge von Unfällen. Aber auch das sind keine Krankheiten. So etwas kann passieren. Und dank unserer exzellenten Unfallchirurgie sind Ärzte meist ja auch in der Lage, optimale Voraussetzungen dafür zu schaffen, dass diese körperlichen Verletzungen möglichst rasch wieder heilen können.

Ebenso selbstverständlich gibt es auch psychische Verletzungen, schwere Traumatisierungen als Folge von Misshandlungen, Missbrauch und Vergewaltigungen oder als Folge unverarbeiteter Erfahrungen von Krieg, Katastrophen, Flucht und Vertreibung. Aber auch das sind keine Krankheiten, sondern die unter solchen Bedingungen einzig möglichen Reaktionen des Gehirns der Betroffenen auf derartige Erfahrungen.

Und dann gibt es noch all die vielen, in unserem Kulturkreis besonders verbreiteten chronischen Erkrankungen. Inzwischen sind das aber nicht mehr die im letzten Jahrhundert noch vorherrschenden Herz-Kreislauf-Erkrankungen, sondern die gegenwärtig immer häufiger auftretenden psychischen Erkrankungen, also Angst-bedingte Störungen, Depressionen, Psychosen und natürlich auch zunehmend dementielle Erkrankungen. Aber auch immer mehr chronische körperliche Erkrankungen breiten sich überall auf der Welt aus. Die Lunge, das Herz, der Darm, die Leber, die Haut, das Immunsystem, das Herz-Kreislauf-System, das Hormonsystem oder das vegetative Nervensystem – alles kann auf die eine oder andere Weise nachhaltig, also chronisch in seiner normalen Funktionsweise beeinträchtigt werden.

Dass all diese Störungen auch als »Zivilisationskrankheiten« bezeichnet werden, macht bereits auf versteckte Weise deutlich, dass sie mit den in den westlichen Ländern verbreiteten und von weiten Kreisen der Bevölkerung in den sogenannten Entwicklungsländern inzwischen ebenfalls übernommenen Lebensstilen und Lebensgewohnheiten zu tun haben. Dieses ungesunde Leben ist es, was die meisten Menschen heutzutage, hier bei uns und überall auf der Welt, krank macht.

Selbst Regenwürmer würden, wenn sie denken könnten, an unserem Verstand zweifeln. Da hat es eine Spezies geschafft, den ganzen Erdball zu bevölkern und sogar auf den Mond zu fliegen, aber die Mehrzahl der Vertreter dieser Spezies ist dennoch außerstande, ihr Leben so zu gestalten, dass sie gesund bleiben. Und es ist ja nicht so, als wüssten all diese vielen Menschen nicht, was sie tagtäglich tun und dass sie davon über kurz oder lang krank werden. Bei uns lernen sie es schon im Kindergarten und in der Schule, in Seminaren und Vorträgen, in Unmengen von Büchern, Beiträgen in Zeitungen und Magazinen, im Radio, im Fernsehen und im Internet: überall werden die krankmachenden Folgen von Bewegungsmangel, von Hektik und Stress, von falscher Ernährung, Schlafmangel und Überforderung, von psychischen Belastungen, Einsamkeit, Frust und Resignation beschrieben. An den Universitäten werden die Auswirkungen ungesunder Verhaltensweisen erforscht. Alles bekannt. Tausendmal gehört und tausendmal ist nichts passiert. Sind wir zu verblendet, um zu begreifen, was uns schadet? Ist es unsere notorische Ignoranz, die uns dazu bringt, unser Leben so zu gestalten, dass wir davon krank werden?

Wir wollen glücklich werden inmitten von anderen, die das auf ihre Weise auch versuchen

Unser Gehirn existiert ja nicht für sich allein. Es ist mit dem Körper auf untrennbare Weise verbunden und als soziale Wesen sind wir ebenso untrennbar mit anderen Menschen verbunden. Deshalb ist es nicht einfach nur unser Gehirn, sondern es ist gleichzeitig auch unser ganzer Körper wie auch die jeweilige Gemeinschaft, in die wir eingebettet sind, die sich so organisieren müssen, dass alles möglichst gut zusammenpasst.

Und genau das ist das große Problem, das uns so sehr zu schaffen macht. Denn so richtig gut passt das alles nie zusammen. Hat man zum Beispiel Bauchweh oder Rückenschmerzen, so kommt auch im Hirn alles durcheinander und dann fällt es schwer, sich auf etwas zu konzentrieren und noch irgendwelche anderen Probleme zu lösen. Und wenn man nun noch einen wichtigen Termin hat, zur Arbeit muss oder sich um die Kinder kümmern will, ist das Chaos im Kopf kaum noch auszuhalten. Jetzt kommen dort oben auch all jene Netzwerke und Verschaltungen durcheinander, die für die Steuerung der im Körper ablaufenden Prozesse zuständig sind. Man bekommt Herzrasen, Schweißausbrüche, weiche Knie und Atemnot. Manche müssen dann auch noch aufs Klo.

Statt im Bauch oder im Rücken kann das Durcheinander aber auch durch einen Streit mit dem Lebenspartner oder den Kollegen in der Arbeit ausgelöst werden. Man regt sich auf, bekommt nichts mehr gebacken, unternimmt alles Mögliche, um der Sache wieder Herr zu werden und das sich im Hirn ausbreitende, im ganzen Körper spürbare Wirrwarr wieder in den Griff zu bekommen.

Und natürlich, Sie ahnen es schon, kann das Durcheinander auch gleich ganz oben, im eignen Kopf losgehen. Beispielsweise, wenn Ihnen von anderen gesagt wird, Sie sollten sich mehr bewegen, sich gesünder ernähren oder abends nicht vor einem Monitor herumsitzen, um sich einen Krimi anzuschauen, der Ihnen den Schlaf raubt. Dass die Leute, die Ihnen das raten, Recht haben, ist Ihnen schon klar. Das sehen Sie wohl ein, aber dann machen Sie doch so weiter wie bisher. Ihr Leben, Ihre Gewohnheiten und all das, was Sie immer machen, um sich angesichts der vielen Probleme, die Sie belasten, einen kleinen Freiraum zu verschaffen, sich also dies oder das zu gönnen – das sind ja Ihre bisher gefundenen Lösungen. Damit ist es Ihnen seither immer einigermaßen gelungen, sich wieder etwas wohler zu fühlen, zumindest vorübergehend. Dass diese Verhaltensweisen nicht gesund sind, wussten sie selbst auch schon. Indem Sie das nun auch noch von jemand gesagt bekommen, wird das schlechte Gewissen nur noch weiter verstärkt. Auf das damit einhergehende Durcheinander in seinem Kopf hat niemand Lust, das möchte man möglichst schnell wieder beruhigen, und deshalb wird dann meist genau wieder das gemacht, was bisher immer recht gut geholfen hatte, auch wenn es ungesund war.

Ihre wirklichen Probleme haben Sie dadurch freilich nicht gelöst, aber sie sind jetzt erst einmal zumindest vorübergehend verschwunden – durch die Aufregung, die Ablenkung und den Genuss von Süßigkeiten, durch das Rauchen einer Zigarette, den Shopping-Trip in der Stadt, das feine Essen am Abend oder durch den von Ihnen angeschauten Schwachsinn im Fernsehen. Dass Sie dadurch Ihre Gesundheit gefährden, ist Ihnen und Ihrem Gehirn in dieser Situation egal. Hauptsache, es passt nun erst einmal wieder etwas besser und Sie fühlen sich etwas wohler – auch wenn all das nur zur Ablenkung, zur Verdrängung, zum Nicht-Wahrnehmen Ihrer wirklichen Probleme führt. Genau das ist es aber, was uns alle über kurz oder lang krank macht.

Wenn die Regenwürmer nicht nur denken könnten, sondern auch noch einigermaßen verstanden hätten, wie nicht nur die genetisch festgelegten Nervenzellverknüpfungen in ihrem Oberschlundganglion, sondern auch die Selbstorganisation neuronaler Netzwerke in zeitlebens lernfähigen Gehirnen funktionieren, würden sie nicht länger an unserem Verstand zweifeln. Sie würden uns wohl eher bedauern.

Die Regenwürmer brauchen sich nämlich keine Gedanken zu machen, wie das Leben geht. Wie die meisten anderen Tiere müssen die das auch nicht erst lernen, so wie wir. Sie brauchen niemanden, der es ihnen zeigt. Ihr Nervensystem bildet sich von ganz allein immer so heraus, wie ihre genetischen Programme das vorgeben. Wenn es zu trocken wird, kriechen sie tiefer, dorthin, wo es feuchter ist. Um ihr Essen brauchen sie sich gar nicht zu kümmern. Was ihr Körper braucht, entnimmt ihr Darm der Erde, die sie beim Löcherbohren fressen. Und auch die Partnersuche bereitet ihnen keine Probleme. Sie sind Zwitter und können sich mit jedem anderen Regenwurm verpaaren, der ihnen entgegengekrochen kommt. Wenn sie einem Maulwurf begegnen oder zu weit nach oben kriechen, wo die Amsel auf sie wartet, haben sie Pech gehabt und werden gefressen. So einfach ist das Leben mit einem fest verdrahteten Gehirn.

In unserem Gehirn ist nur das Allernötigste schon fest verdrahtet, wenn wir auf die Welt kommen. Wir müssen erst lernen, wie das Leben geht – am Anfang durch Versuch und Irrtum und später, indem uns andere zeigen und erklären, worauf es ankommt. Aber diese Anderen wissen das auch nicht immer ganz genau. Auch sie sind von Anfang an Suchende, genauso wie wir. Mit ihrem zeitlebens lernfähigen Gehirn können sie Erfahrungen machen, sich Wissen und Kompetenzen aneignen und Vorstellungen herausbilden, die ihnen helfen, sich im Leben zurechtzufinden. Natürlich kann sich jeder Mensch auf seiner Suche danach, worauf es im Leben ankommt, auch verirren. Und manchmal irren sich sogar alle Mitglieder einer menschlichen Gemeinschaft und geraten in eine Sackgasse, werden krank und kommen um, wenn sie dort nicht wieder herausfinden. Das alles kann den Regenwürmern nicht passieren.

Woran leiden wir wirklich?

Ohne andere Menschen, die sich zumindest am Anfang um uns kümmern und uns helfen, all das zu lernen, was wir später brauchen, um uns im Leben zurechtzufinden, würden wir bald nach unserer Geburt wieder sterben. Wir sind soziale Wesen und brauchen die Gemeinschaft mit anderen. Deshalb leben alle Menschen schon immer und überall auf der Welt in sozialen Gruppen, in Familienverbänden und Sippen, in Dörfern und Städten. Auch jene Erwachsene – meist sind das Männer –, die sich als Eremiten, Aussteiger oder Abenteurer ganz allein durchzuschlagen versuchen, sind gemeinsam mit anderen aufgewachsen. Von den Mitgliedern dieser Gemeinschaften übernehmen die Heranwachsenden deren Wissen und Können, deren Vorstellungen und Überzeugungen, auch die Regeln und Rituale, und alles andere, was das Leben in dieser Gemeinschaft bestimmt und ihren Zusammenhalt gewährleistet. Auch herrscht in all diesen Gruppen eine weitgehende Übereinkunft darüber, worauf es im Leben ankommt, was ihre Mitglieder alles wissen und können sollten und wie sie sich zu verhalten haben.

Wer diesen Vorstellungen entspricht, wird belohnt und in die betreffende Gemeinschaft aufgenommen. Wer ihnen nicht zu folgen bereit ist, wird bestraft und ausgeschlossen. So war es schon immer und so ist es überall auf der Welt noch heute, auch wenn es in manchen Familien (vor allem in unseren westlichen Kulturkreisen) inzwischen weitaus subtiler gehandhabt wird, als das noch vor einigen Jahrzehnten der Fall war. Damals hat das Familienoberhaupt oft noch unüberhörbar zum Ausdruck gebracht, was zu tun und zu lassen war, heute wird miteinander besprochen, wer etwas wann und wie tun sollte, um die Erwartungen der anderen zu erfüllen.

Die meisten Erwachsenen können sich gar nicht mehr vorstellen, wie schmerzhaft die Erfahrung für ein Kind ist, von jenen erwachsenen Bezugspersonen, mit denen es sich aufs Engste verbunden fühlt und für die es alles zu tun bereit ist, zum Objekt von deren Erwartungen und Vorstellungen, Belehrungen und Bewertungen, Maßnahmen und Anordnungen gemacht zu werden. Kinder erleben das als eine tiefreichende Verletzung ihrer beiden psychoemotionalen Grundbedürfnisse, dem nach Zugehörigkeit und Verbundenheit einerseits und dem nach Autonomie und Freiheit andererseits. Sogar noch im Gehirn Erwachsener, die erleben müssen, dass sie aus einer Gemeinschaft ausgeschlossen und an der selbstbestimmten Gestaltung ihres Handelns gehindert werden, kommt es zur Aktivierung der gleichen neuronalen Netzwerke, die auch immer dann aktiviert werden, wenn sie körperliche Schmerzen erleiden.

Empfunden wird das als Lieblosigkeit, und überwinden lässt sich der damit einhergehende Schmerz am leichtesten, indem das eigene Bedürfnis nach Verbundenheit und Autonomie so lange immer wieder unterdrückt wird, bis es nicht mehr länger spürbar ist. Im Gehirn werden dabei all jene neuronalen Verknüpfungen verstärkt und zunehmend effektiver ausgebaut, die dazu beitragen, die Aktivierbarkeit derjenigen Nervenzellen zu hemmen und zu unterdrücken, die an der Generierung dieser beiden Grundbedürfnisse beteiligt sind.

Krankmachende Anpassungsleistungen

Diese schwierige Umbauleistung in ihrem Gehirn vollbringen alle Kinder, die erleben müssen, dass sie, um von den Erwachsenen angenommen, wertgeschätzt und »geliebt« zu werden, deren Vorstellungen und Erwartungen zu erfüllen haben. Natürlich machen sie das nicht bewusst, und die Eltern müssen ihr Kind auch nicht dazu zwingen. Kinder sind wesentlich aufmerksamer und feinfühliger, als die meisten Erwachsenen es für möglich halten. Sie können sehr genau spüren, was Mama und Papa sich von ihnen wünschen, erhoffen und erwarten, wie sie also »sein sollen«. Und wenn das mit ihren eigenen Bedürfnissen nicht gut in Einklang zu bringen ist, kommt es im Gehirn, vor allem im Frontalhirn, wo die eigenen Erwartungen mit den konkreten Wahrnehmungen abgeglichen werden, zu einer gewissen Unruhe. »Arousal« nennen die Neurobiologen diesen Zustand, in dem viele Nervenzellen gleichzeitig zu feuern beginnen und die bisher dort herrschende Ordnung durcheinanderkommt. Der einigermaßen kohärente Zustand, in dem die eigenen Erwartungen noch mit den Realitäten übereinstimmten, wird nun zunehmend inkohärenter. Dadurch steigt der Energieverbrauch, und die davon betroffenen Nervenzellen organisieren nun ihr Zusammenwirken von allein solange um, bis alles wieder besser zusammenpasst, kohärenter und damit energiesparender geworden ist. Und irgendwann finden die Kinder die dafür geeignetste Lösung: Durch die Hemmung derjenigen Netzwerke, von denen die bisher von dem Kind gehegte Erwartung gesteuert wird, es werde so geliebt, wie es ist. So lernen diese Kinder immer besser, ihre beiden Grundbedürfnisse, das nach Verbundenheit und das nach Autonomie, wie die Psychologen es nennen, zu unterdrücken, zu verdrängen oder abzuspalten.

Schuld ist daran niemand, es hat auch niemand so »gemacht«, es hat sich – als einzige mögliche (energiesparende) Lösung – von ganz allein im Gehirn so herausgebildet. Weil das Kind die Erwachsenen nicht ändern konnte, hat sich sein Gehirn so lange umgebaut, bis ihm deren lieblose Einstellung und deren liebloses Verhalten nicht mehr weh tun.

Jetzt kann es all das machen, was diejenigen von ihm erwarten, deren Anerkennung es so sehr braucht, und von diesen wichtigen Bezugspersonen all das übernehmen und im eigenen Gehirn verankern, was diese für wichtig halten.

Manche schaffen das besser, andere nicht ganz so gut, aber es gibt wohl heutzutage in unserem, von Leistungsdruck und Wettbewerb geprägten Kulturkreis kaum ein Kind, dem diese schwierige Anpassungsleistung beim Erwachsenwerden erspart geblieben ist. So erzeugen wir durch unsere eigene Lieblosigkeit eine von Generation zu Generation weitergegebene Kette der Lieblosigkeit im Umgang mit sich selbst, mit anderen Menschen und nicht zuletzt auch im Umgang mit der lebendigen Natur, deren Teil wir Menschen sind.

Das ist es, woran wir alle tief in unserem Inneren leiden – auch dann, wenn es die meisten von uns gar nicht (mehr) bemerken.

Es ist auch wirklich schwer herauszufinden, was einem fehlt, wenn sich im Inneren nichts mehr meldet, weil die in den tieferen Bereichen des Gehirns lokalisierten Nervenzellverschaltungen, die sich melden könnten, von hemmenden Netzwerken überbaut, gewissermaßen eingewickelt worden sind. Dort entstehen ja normalerweise die Erregungen, die wir dann als innere Bedürfnisse spüren. Das nach Nähe und Geborgenheit beispielsweise, oder die Lust auf eigenes Entdecken und Gestalten, auch der Wunsch, sich um etwas oder um andere zu kümmern, seinen eigenen Körper, seine Sinnlichkeit zu spüren – alles ist dann mehr oder weniger vollständig unterdrückt. Statt diesen vitalen, natürlichen Bedürfnissen zu folgen, richten wir unser Denken, Fühlen und Handeln nun an den Vorstellungen, Einstellungen und festen Überzeugungen aus, die wir entweder selbst herausgebildet oder von anderen übernommen haben – und die nun ganz vorn-oben im Hirn, in der präfrontalen Rinde verankert sind.

Krankmachende Überzeugungen

Dass es im Leben darauf ankommt, erfolgreich zu sein, ist eine solche weit verbreitete Vorstellung. Auch die, dass Konkurrenzkampf und Leistungsdruck die entscheidenden Triebfedern allen Fortschritts und jeder Weiterentwicklung sind. Oder dass es in der Natur des Menschen angelegt ist, sich auf Kosten anderer durchzusetzen und zu bereichern.

Viele glauben auch immer noch, dass Tiere keine Schmerzen empfinden und sie Fleisch essen müssen, um kräftig und gesund zu bleiben. Und manche halten alles für machbar und betrachten sich selbst als die Krone der Schöpfung. Andere sind davon überzeugt, dass ihr Leben durch höhere Kräfte gelenkt wird und es deshalb anmaßend ist, es selbst gestalten zu wollen. Spaß zu haben und sich alles beschaffen zu können, was ihr Herz begehrt, halten nicht wenige Menschen für ihren wahren Lebenszweck. Und wenn sie krank geworden sind, soll jemand da sein, der sie wieder gesund macht. Sie sind dann auch bereit, alle möglichen Pillen zu schlucken und sämtliche Ratschläge zu befolgen, die ihnen ein langes Leben bei bester Gesundheit versprechen.

Aber all das sind eben nur auf der kognitiven Ebene im Frontalhirn verankerte Vorstellungen. Sie helfen den

betreffenden Menschen, sich in ihrem Leben zurechtzufinden, und ermöglichen es ihnen, ihre niemals vollständig
unterdrückbaren Grundbedürfnisse einigermaßen unter
Kontrolle zu bringen.

Falls sich das Bedürfnis nach eigenen Gestaltungsmöglichkeiten, nach Autonomie und Freiheit doch noch
einmal meldet, gehen sie eben einkaufen oder planen den
nächsten Urlaub. Und wenn das Bedürfnis nach Verbundenheit und Zugehörigkeit wieder wach wird, schließen
sie sich einer Chatgruppe, der Fangemeinschaft des heimi-
schen Fußballclubs, dem Karnevalsverein oder einer anderen, zu ihren Vorstellungen passenden Gemeinschaft an.

Deshalb ist die Frage so schwer zu beantworten,
woran wir leiden. Sicher an dem, was wir verloren haben,
was wir im eigenen Hirn weggehemmt und eingewickelt
haben, um in die Welt hineinzupassen, in die wir hineingewachsen sind. Was uns geholfen hat, dort so gut und so
perfekt zu funktionieren, wie das von uns erwartet wird.

Aber leiden wir nicht noch viel mehr an genau diesen Lösungen und den sonderbaren Vorstellungen davon,
worauf es im Leben ankommt, die wir gefunden oder von
anderen übernommen haben, um den Schmerz des Nicht-
so-sein-Dürfens-wie-wir-sind zu überwinden? Erwächst
also unser größtes Leiden möglicherweise aus dem Ahnen,
dass wir uns von uns selbst abgetrennt, uns also beim Versuch, in die Gemeinschaft der anderen hineinzuwachsen,
selbst verloren haben?

3. WIE FUNKTIONIERT SELBSTHEILUNG?

Es ist so leicht dahergesagt, dass wir gesund bleiben und auch schnell wieder gesund werden, wenn wir im Einklang mit uns selbst sind. Aber was heißt es denn, im Einklang mit sich selbst zu sein? Als soziale Wesen, die gar nicht ohne andere Menschen leben können – genaugenommen auch nicht ohne andere Lebewesen, ohne Pflanzen und Tiere, ohne Mikroben oder sogar ohne Viren –, ist es schwer, so zu leben, dass wir dabei auch immer im Einklang mit diesen Anderen sind. Wir müssen uns mit unseren Vorstellungen, unserem Verhalten und sogar mit unserer körperlichen Organisation an die sich aus dem Zusammenleben mit diesen Anderen ergebenden Erfordernisse anpassen. Oft ist es dabei unvermeidbar, eigene Wünsche und Bedürfnisse hintanzustellen oder gar zu unterdrücken. Dann sind wir freilich nicht mehr im Einklang mit uns selbst. Beim Versuch, diesen Einklang mit anderen herzustellen, laufen wir also ständig Gefahr, auch etwas von dem abzutrennen, womit wir selbst zutiefst verbunden sind. Wir leiden jedoch auch dann, wenn wir uns als getrennt von anderen erleben. Überwinden können wir dieses Gefühl von Getrenntsein, indem wir unsere eigenen Bedürfnisse und Wünsche durch hemmende

Netzwerke im Gehirn überlagern. Dadurch beginnen wir uns jedoch selber zunehmend fremd zu werden und so leiden wir fortan an uns selbst. Wir stecken in einem Dilemma.

Eine neue Vorstellungswelt hält Einzug in die Heilkunde

Wie alle Dilemmata lässt sich auch dieses nicht lösen, indem wir dem einen oder dem anderen Aspekt mehr Gewicht verleihen und ihn in den Vordergrund unserer Bemühungen schieben. Wer zweierlei gleichzeitig will und – gemäß seiner bisherigen Vorstellungswelt – das eine nur auf Kosten des anderen erreichbar ist, hat ein Problem. Auflösbar ist dieses Dilemma nur durch eine grundlegende Veränderung der bisherigen Vorstellungen, die dieses Problem hervorgebracht haben. Albert Einstein muss so etwas erlebt haben, als er die Erkenntnisse der alten Newtonschen Physik einfach nicht mit denen der Quantenphysiker in Einklang bringen konnte. Einsteins Lösung war der Aufbruch in eine neue Vorstellungswelt – in Form der Relativitätstheorie. Mit der ließen sich nun Newtonsche Gesetze und die Erkenntnisse der Quantenmechanik als zutreffende Beschreibungen der jeweils beobachteten Phänomene beschreiben. Gleichzeitig eröffnete sich dadurch ein bisher nicht zugänglicher, völlig neuer Vorstellungsraum für die moderne Physik.

Ebenso grundlegend wie die Vorstellungen der klassischen und der modernen Physik unterscheiden sich auch die Vorstellungen der klassischen Biologie von denen der modernen Biologie. Erstere beschreibt die beobachtbaren Phänomene im Bereich des Lebendigen, stellt Zusammenhänge her, untersucht Wechselbeziehungen und erforscht die Funktionsmechanismen und das Zusammenwirken von Zellen, Organen, Organismen und Ökosystemen. Die moderne Biologie hat diese Ebene längst verlassen und befasst sich nun nicht mehr so intensiv mit all diesen beobachtbaren Phänomenen des Lebendigen. Ihr geht es vielmehr um das Verstehen des Prozesses, der all diese Phänomene hervorbringt. Und ihre wichtigste Erkenntnis lautet: Alles, was lebt, wird nicht von wohlmeinenden Schöpfern, glücklichen Zufällen oder genetischen Programmen so gemacht, wie es ist. All die vielen Lebensformen sind das vorläufige Ergebnis eines ständig ablaufenden, sich selbst organisierenden Prozesses. In diesem Prozess geht es nicht um die Herausbildung von diesen oder jenen Strukturen, Mechanismen oder Regelkreisen, sondern um die Entfaltung der in allem Lebendigen, in jedem einzelnen Lebewesen angelegten Möglichkeiten

War das letzte Jahrhundert noch von den klassischen biologischen Begriffen »Vererbung«, »Funktion«, »Regulation«, »Wettbewerb« oder »Selektion« bestimmt, sind nun »Selbstorganisation« und »Potentialentfaltung« zu Schlüsselbegriffen der Biologie des 21. Jahrhunderts geworden. Genauso wie die klassischen biologischen Vorstellungen im letzten Jahrhundert sich in alle Bereiche unseres Zusammenlebens ausgebreitet haben – und dabei auch zu festen Bestandteilen der medizinischen Theorie und Praxis geworden sind –, geraten nun diese neuen biologischen Paradigmen in vielen Bereichen, sogar in der Wirtschaft, zunehmend in den Mittelpunkt des Interesses und der Suche nach Orientierung und innovativen Lösungen.

Dieses wachsende Verständnis von Selbstorganisations- und Potentialentfaltungsprozessen ermöglicht auch den Vertretern der modernen Heilkunde einen neuen Blick auf die in ihrem Handlungsbereich beobachtbaren Phänomene. Auf dieser Grundlage lassen sich nun auch Prozesse verstehen und gestalten, die in der klassischen Medizin kaum Beachtung gefunden hatten. Dazu zählt auch die Vorstellung, dass Lieblosigkeit krank macht.

»Selbstheilung« lautet der aus den Erkenntnissen biologischer Selbstorganisationsprozesse abgeleitete Schlüsselbegriff für den sich nun auch in der Medizin anbahnenden Tansformationsprozess. Aber all unsere tiefgreifenden Transformationsprozesse beginnen ja mit der schmerzlichen Einsicht, dass die Vorstellungen, denen wir bisher gefolgt sind und auf deren Grundlage wir unser Leben gestaltet haben, unzutreffend und deshalb irreführend waren. Dieses Eingeständnis trifft uns im Innersten, erschüttert unser Selbstbild, auch unser Weltbild. Aber aus dieser tiefen inneren Verunsicherung heraus öffnet sich bisweilen auch unser Blick und bietet uns die Chance, uns selbst und die Welt, in der wir leben, mit anderen Augen zu betrachten. Manchmal erleben wir das, was wir dann plötzlich zu sehen beginnen, wie eine Offenbarung. Wir begreifen, dass der Zauber des Lebens nicht darin besteht, dass es funktioniert und beherrschbar ist, sondern dass wir mit unserem Dasein in den großen Fluss des Lebens eingebettet sind und von ihm getragen werden und dass alles Lebendige sich selbst immer wieder neu organisiert, vielleicht ist es sogar zutreffender, wenn wir sagen, »neu erfindet«.

Alles, was lebendig ist, organisiert sich selbst

Aber diese Erkenntnis allein hilft uns nicht weiter, denn wenn sich etwas von selbst organisiert, kann dabei alles Mögliche herauskommen. Es muss also etwas geben, das diesen sich selbst organisierenden Prozess in eine bestimmte Richtung lenkt. Und so eine lenkende Kraft gibt es tatsächlich. Sie ergibt sich aus dem, was alle lebenden Systeme schaffen müssen, um den zweiten Hauptsatz der Thermodynamik nicht zu verletzen: Energie sparen.

Der Erste Hauptsatz der Thermodynamik besagt, dass Energie (in welcher Form sie auch immer vorliegt oder in welche sie verwandelt wird) niemals verloren gehen kann (»Energieerhaltungssatz«). Der Zweite Hauptsatz der Thermodynamik wurde Mitte des 19. Jahrhunderts von Rudolf Clausius formuliert und beschreibt die Richtung aller spontanen Energieübertragungsprozesse (damals noch am Beispiel der Wärmeenergie): »Es gibt keine Zustandsänderung, deren einziges Ergebnis die Übertragung von Wärme von einem Körper niederer auf einen Körper höherer Temperatur ist.«

Allgemeiner ausgedrückt: Energie »fließt« von selbst immer dorthin, wo weniger Energie vorhanden ist. Sie tendiert also dazu, sich gleichmäßig im Universum zu verteilen. Der wahrscheinlichste Zustand ist immer der der größtmöglichen Unordnung, der Strukturlosigkeit (»Entropie«, Ludwig Boltzmann).

Lebewesen bauen eine eigene Ordnung auf, indem sie Energie aufnehmen. Sie werden so gewissermaßen zu »Inseln« in einem Meer von Unordnung (Erwin Schrödinger) und sie zerfallen, wenn die zur Aufrechterhaltung ihrer inneren Ordnung erforderliche Energie deren Verfügbarkeit übersteigt.

Für den Aufbau und die Aufrechterhaltung ihrer jeweiligen Strukturen und Leistungen brauchen alle Lebewesen ziemlich viel Energie, Pflanzen in Form von Lichtenergie, Tiere in Form der von Pflanzen erzeugten Glukose und der daraus hergestellten Kohlenhydrate. Nur wenn es gelingt, den zum Aufbau und zur Aufrechterhaltung ihrer inneren Organisation erforderlichen Energieaufwand so gering wie möglich zu halten, können lebende Systeme ihren Fortbestand sichern. Das gilt für jede Zelle, jeden Organismus, auch für das Gehirn. Aber genauso für Gemeinschaften, also Familien, Vereine, Unternehmen, auch für ganze Gesellschaften und für jedes Ökosystem.

Schafft es ein lebendiges System nicht, diese zur Aufrechterhaltung seiner Integrität und seiner Lebensfunktionen erforderliche Energie bereitzustellen, zerfällt es. Die in seinen Bestandteilen materialisierte Energie verteilt sich – gemäß dem Zweiten Hauptsatz der Thermodynamik – dann wieder gleichmäßig im Universum. Ein liebloser Umgang mit sich selbst, mit anderen Menschen und anderen Lebewesen ist enorm energieaufwändig.

Der Zustand, in dem eine Zelle, ein Organismus, eine Familie oder eine Gesellschaft nur geringste Mengen an Energie verbraucht, ist der, in dem alles, was dort abläuft, möglichst gut zusammenpasst. Im Gehirn ist das immer dann der Fall, wenn ältere Bereiche reibungslos mit jüngeren, die rechte Hemisphäre optimal mit der linken zusammenarbeiten, wenn das Denken, Fühlen und Handeln eine Einheit bilden, Erwartungen mit den Realitäten übereinstimmen, wenn nichts stört und man sich eng mit anderen, mit der Natur oder gar dem ganzen Universum verbunden fühlt. Der wissenschaftliche Ausdruck für diesen Zustand heißt »Kohärenz«. Jede Zelle im Gehirn, jedes neuronale Netzwerk und das gesamte Gehirn organisieren ihre inneren Beziehungen immer wieder so, dass dieser wenig Energie verbrauchende, kohärente Zustand hergestellt und aufrechterhalten werden kann. Was allen sich selbst organisierenden Prozessen also eine Richtung verleiht, in die sie dann auch von ganz allein gelenkt werden, ergibt sich aus der Notwendigkeit zum Energiesparen.

Der Energieverbrauch im Gehirn steigt dramatisch an, sobald wir etwas Neues wahrnehmen, zu denken anfangen, ein Problem lösen müssen, Konflikte haben oder uns gar selbst verändern sollen. All das zählt nicht zu den Lieblingsbeschäftigungen eines menschlichen Hirns. Es führt zunächst zu unangenehmen Gefühlen und schließlich sogar auf körperlicher Ebene zu einem Zustand von Erschöpfung.

Das ist unangenehm, und das vermeiden wir lieber. Deshalb halten wir so gern an unseren einmal herausgebildeten Vorstellungen fest, selbst dann, wenn die längst durch neue Erkenntnisse widerlegt und unbrauchbar geworden sind.

Jede Heilung ist Selbstheilung

Ein sehr anschauliches Beispiel dafür bietet die im letzten Jahrhundert entstandene und in den Gehirnen der meisten Menschen noch immer tief verankerte Vorstellung, der menschliche Organismus funktioniere so ähnlich wie eine besonders kompliziert aufgebaute Maschine. Dazu gehört der Glaube, unsere genetischen Anlagen seien – ähnlich wie die Baupläne für die Konstruktion von Autos, Waschmaschinen und Flugzeugen – dafür verantwortlich, dass sich die verschiedenen Organe und Organsysteme in exakt vorbestimmter Weise herausbilden und dass es mehr oder weniger optimale Baupläne für die Entwicklung eines gesunden, leistungsfähigen Organismus gebe. Wer so denkt, ist dann auch davon überzeugt, dass es im Verlauf der Nutzung der verschiedenen Organe und Organsysteme – wie man das bei Maschinen ja zur Genüge kennt – zu entsprechenden Abnutzungserscheinungen und Defekten kommt. Diese im normalen Betriebsmodus des Körpers unvermeidbaren, bei manchen Personen früher, bei manchen später zutage tretenden Defekte sollten sich – wie das auch bei Maschinen der Fall ist – durch entsprechende Reparaturen beheben lassen.

Auf der Grundlage dieser Vorstellungen ist ein medizinisches System entstanden, das seine vorrangige Aufgabe in der Behebung von Störungen einzelner Organe und Organfunktionen sah, die im Laufe des Lebens und mit zunehmendem Alter immer häufiger auftreten. Dieses von den Denkmustern des Maschinenzeitalters geprägte Reparaturdenken beherrscht noch heute weite Teile unserer medizinischen Versorgungssysteme. Es war enorm erfolgreich und hat dazu geführt, dass die meisten Menschen noch heute der Meinung sind, dass alles, was in ihrem Körper aus irgendeinem Grund nicht richtig funktioniert, irgendwie – wie ja auch die meisten Maschinen – wieder repariert werden könne.

Wer so denkt, kann unter »Selbstheilung« dann auch nichts anderes verstehen, als unwissenschaftliches oder gar esoterisches Palaver. Wenn es aber so ist, dass jeder Organismus einen Zustand anstrebt, in dem alles, was in seinem Inneren abläuft, möglichst reibungslos ineinandergreift und zusammenpasst, also weitgehend kohärent ist und so wenig Energie wie möglich verbraucht, dann ist Selbstheilung nichts anderes als ein besonderer Ausdruck dieses normalerweise ständig stattfindenden Selbstorganisationsprozesses.

Tatsächlich verfügt ja auch jeder Organismus über ein breites Spektrum von Mechanismen, Reaktionen und Verhaltensweisen, die auf unterschiedlichen Ebenen wirken und in jeweils spezifischer Weise dazu beitragen, Störungen des normalerweise stattfindenden Zusammenwirkens seiner Zellen und Organe und ihrer Funktionen auszugleichen. Ohne diese Selbstheilungskräfte wäre keine

Wundheilung, keine Überwindung einer Infektion, keine Rekonstitution nach einer Operation, also im weitesten Sinne keine Genesung von einer Erkrankung möglich. Über diese Fähigkeit zur Selbstheilung verfügen auch alle Pflanzen und Tiere, auch jede einzelne Zelle. Interessant ist dabei der Umstand, dass es sich bei dieser Fähigkeit, aus sich selbst heraus wieder »heil« zu werden, also einen kohärenteren Zustand zu erreichen, um eine Leistung handelt, die nur dann zu einer nachhaltigen Heilung führt, wenn sie als eine »ganzheitliche« Antwort des jeweiligen Lebewesens umgesetzt wird.

Eine durch zu viel Alkohol im Blut in Schwierigkeiten gebrachte Leber kann aus sich selbst heraus eine Lösung für dieses Problem finden, auch wenn die anschließend und von außen betrachtet Leberzirrhose heißt. Aber das ist keine ganzheitliche, für den Gesamtorganismus günstige Lösung. Im Gegenteil! Sie bringt nun ihrerseits andere Organe und deren Zellen in Schwierigkeiten. Die müssen dann das aufgetretene Problem ebenfalls auf ihre Weise lösen. Die betreffende Person wird dadurch immer kränker. Besser wäre es, wenn die alkoholisierte Leber ein Signal über ihren erbärmlichen Zustand zum Gehirn weiterleiten könnte und das Wohlergehen des betreffenden Trinkers dadurch so sehr beeinträchtigt würde, dass er von diesem übermäßigen Alkoholkonsum ablässt. Solche Signale kann die Leber normalerweise auch erzeugen. Wenn die aber von der betreffenden Person nicht verstanden oder nicht wahrgenommen werden, muss die arme Leber dann eben ihre eigene Lösung einsetzen und verfetten.

Auch eine Person, die tagein, tagaus auf einem Stuhl vor einem Monitor sitzt, hat ein Problem. Zuerst bemerken das die Wirbelsäule und vor allem die Rücken- und Nackenmuskulatur. Die senden dann entsprechende Signale zum Gehirn. Sobald die betreffende Person diesen Schmerz wahrnimmt, wird sie sich normalerweise erheben, sich bewegen und den Rücken entlasten, sodass sich die Muskulatur dort endlich wieder von dieser Daueranspannung erholen kann. Leider haben die meisten Menschen aber sehr gut gelernt, dieses Schmerzsignal zu überhören. Sie bleiben also sitzen und machen so weiter wie bisher. Die auf diese Weise mit ihrem Problem allein gelassene Rückenmuskulatur muss nun für sich selbst eine Lösung finden. Sie verhärtet, die Faszien verkleben und so geraten dann auch die Wirbelgelenke in wachsende Schwierigkeiten. Deren Lösungen wiederum führen zu Entzündungen und Vernarbungen, es kommt zum Knochenumbau, es entstehen Vorsprünge und Verwachsungen, und so verbiegt sich allmählich die ganze Wirbelsäule, wird steif und krumm. Darunter leidet die dadurch zunehmend eingezwängte Lunge und muss nun ihrerseits nach einer Lösung suchen. So geht es immer weiter, bis am Ende überhaupt nichts mehr geht.

Im Gegensatz zu Pflanzen und Tieren sind wir Menschen also in der Lage, die in uns angelegten Selbstheilungskräfte in gewissem Umfang zu unterdrücken und unwirksam zu machen. Verantwortlich dafür ist die in unserem zeitlebens plastischen, lernfähigen Gehirn angelegte Fähigkeit, Vorstellungen davon herauszubilden, worauf es im Leben und im Zusammenleben mit anderen ankommt. Manche dieser Vorstellungen sind günstig für die Entfaltung der Selbstheilungskräfte unseres Körpers, andere sind ungünstig.

Selbstorganisationsprozesse im Gehirn

Wie die Neurobiologen inzwischen zeigen konnten, strukturiert sich unser Gehirn primär anhand der während der frühen Phasen der Hirnentwicklung aus dem eigenen Körper zum Gehirn weitergeleiteten Signalmuster. Es sind also eigene Körpererfahrungen, die die Organisation synaptischer Verschaltungsmuster in den älteren, tiefer liegenden Bereichen des Gehirns lenken. Und die primäre Aufgabe dieser bereits vor der Geburt und während der frühen Kindheit herausgeformten Hirnbereiche ist die Integration, Koordination und Harmonisierung der im Körper ablaufenden Prozesse, die Lenkung und Steuerung motorischer Leistungen beim sich Bewegen, beim Singen, Tanzen, und später auch beim Sprechen. Erst danach werden auf der Grundlage dieses Fundaments die in der Beziehung des Kindes zur Außenwelt, insbesondere zu seinen Bezugspersonen gemachten Beziehungserfahrungen zur wichtigsten strukturierenden Kraft für die sich in den ausreifenden Hirnstrukturen herausbildenden neuronalen Verschaltungsmuster. Jetzt erst wird die Gestaltung von Beziehungen zur äußeren Welt und hier in erster Linie zu den primären Bezugspersonen zur wichtigsten Aufgabe des sich entwickelnden Gehirns.

Aber auch ohne unser bewusstes oder unbewusstes Zutun funktioniert das Gehirn aus sich selbst heraus so, dass sein Energieverbrauch möglichst niedrig bleibt. Eine besonders interessante und wirksame Strategie ist die in der Arbeitsweise unseres Gehirns angelegte Tendenz zur Komplexitätsreduktion. Das hört sich schwierig an, ist aber etwas, das wir alle kennen, nämlich die Herausbildung von Automatismen und von übergeordneten Mustern zur koordinierten Steuerung einer Vielzahl von Einzelaktivitäten und Einzelreaktionen.

Laufen beispielsweise können wir alle. Das funktioniert normalerweise ganz von allein, unbewusst und ohne nachzudenken. Aber als wir es im ersten Lebensjahr erlernt haben, war es noch sehr anstrengend und energieaufwändig. Inzwischen geht es ganz automatisch – und verbraucht nun kaum noch Energie. Denn in unserem Gehirn ist damals ein Muster, ein inneres Bild entstanden, das all die vielen Einzelreaktionen und Muskelkontraktionen, die wir beim Laufen einsetzen, sehr effektiv koordiniert und steuert. Und wenn wir dann irgendwohin wollen, rufen wir nur noch dieses übergeordnete Muster auf – und laufen los.

Genauso wie das Gehirn solche übergeordneten Handlungsmuster zur Steuerung einer Vielzahl von Einzelbewegungen herausbildet, macht es das auch, um unser Verhalten möglichst energiesparend zu lenken. Die dafür im Gehirn herausgebildeten übergeordneten Muster bezeichnen wir im Deutschen als innere Einstellungen und

Haltungen. Herausgebildet werden sie anhand der von einer Person im bisherigen Leben gemachten Erfahrungen. Diese im Frontalhirn als komplexe Netzwerke verankerten Einstellungen und Haltungen sind entscheidend dafür, wie sich die betreffende Person in einer bestimmten Situation verhält, was sie sagt und tut, worum sie sich kümmert und was sie links liegen lässt, was ihr wichtig ist und was ihr gleichgültig bleibt. Auch das funktioniert dann alles fast automatisch und verbraucht weniger Energie als jedes Mal darüber nachzudenken, welche Verhaltensweisen in bestimmten Situationen angemessen und zielführend sind. Entdeckerfreude ist so eine Haltung, ebenso Offenheit und Gestaltungslust. Aber auch Neid, Geiz oder Missgunst. Messen lassen sich diese inneren Einstellungen nicht. Man kann sie nur aus den von ihnen gesteuerten Verhaltensweisen ableiten, also aus dem, was eine bestimmte Person sagt und tut.

Interessanterweise wird die Herausbildung dieser inneren Einstellungen und Haltungen ebenfalls durch ein im Gehirn verankertes, übergeordnetes Muster gelenkt. Auch das wird erst im Lauf des Lebens herausgebildet. Wir haben dafür in unserer Sprache keinen eindeutigen Begriff und bezeichnen dieses Metakonzept meist als Selbstbild. Im weitesten Sinne handelt es sich dabei um eine Vorstellung davon, was den betreffenden Menschen als Person ausmacht. Sie schließt aber gleichzeitig auch ein, was für ein Mensch er oder sie sein will, woran sie oder er sich in ihrem Leben und bei wichtigen Entscheidungen orientiert. Wenn es einem Menschen nicht gelingt, ein inneres Bild davon zu entwickeln, wer er sein will, fehlt ihm diese ordnungsstiftende Orientierung und in seinem Hirn passt dann vieles, was er denkt und was er tut, nicht mehr so gut zusammen. Es kommt dann zu einer sich ausbreitenden Inkohärenz und die geht immer mit einem erhöhten Energieverbrauch einher.

Stress und Angst sind Gift für jede Selbstheilung

Angst ist das mit Abstand stärkste Gefühl, das über die Aktivierung neuronaler Netzwerke des limbischen Systems, speziell der Amygdala, die im Hirnstamm angelegten Regelsysteme für die integrative Steuerung körperlicher Reaktionen und damit die Selbstheilungskräfte des Organismus zu stören vermag. Ob und in welchem Ausmaß ein Mensch auf die von ihm wahrgenommenen Veränderungen seines inneren Gleichgewichtes, also auf eine sich im Gehirn ausbreitende Inkohärenz mit Angst reagiert, hängt davon ab, wie er diese Wahrnehmungen bewertet. Diese Bewertungen erfolgen immer subjektiv auf der Grundlage seiner bisher gemachten Erfahrungen. Verankert werden diese Erfahrungen in Form gebahnter synaptischer Verschaltungsmuster im präfrontalen Cortex. Erfahrungen zeichnen sich gegenüber erlernten Wissensinhalten dadurch aus, dass sie »unter die Haut« gehen, also mit den in der betreffenden Situation gleichzeitig aktivierten Netzwerken für emotionale Reaktionen und die Regulation körperlicher Prozesse verkoppelt werden. Erfahrungen sind deshalb in Form miteinander verknüpfter kognitiver, emotionaler und körperlicher neuronaler Netzwerke und Regelkreise im Gehirn verankert. Sie werden aus diesem Grund immer gleichzeitig als eine bestimmte Erinnerung oder Vorstellung erlebt, die mit einem bestimmten Gefühl und einer bestimmten Körperreaktion einhergeht. Als Integral oder Summe der bisher von einer Person gemachten Erfahrungen lässt sich das beschreiben, was im allgemeinen Sprachgebrauch als innere Einstellung oder Haltung umschrieben wird. Neurobiologisch handelt es sich hierbei um ebenfalls im präfrontalen Cortex verankerte Metarepräsentanzen von subjektiv gemachten Erfahrungen. Diese Einstellungen und Haltungen sind entscheidend für die subjektive Bewertung eines Ereignisses. Und diese subjektive Bewertung ist ausschlaggebend dafür, ob angesichts des betreffenden Ereignisses eine Angst- und Stressreaktion ausgelöst wird oder nicht,

Diese im präfrontalen Cortex eines Menschen verankerten Haltungen sind schwer veränderbar. Weil sie an Gefühle und körperliche Reaktionen gekoppelt sind, bleiben rein kognitive Interventionen (Aufklärung, Belehrung, Beschreibungen etc.) meist ohne nachhaltige Wirkungen, solange die emotionalen Anteile nicht gleichzeitig aktiviert werden. Gleichermaßen bleiben emotionale Interventionen (Zuwendung, Mitgefühl, Fürsorge) meist ebenso wirkungslos, solange die kognitiven Anteile dabei nicht ebenfalls aktiviert werden. Eine nachhaltig wirksame Veränderung einmal entstandener Haltungen lässt sich daher nur herbeiführen, wenn es gelingt, die betreffende Person einzuladen, eine neue, andere Erfahrung zu machen. Ob jemand dazu in der Lage ist und ob es dadurch gelingt, die Selbstheilungskräfte dieser Person wieder zu reaktivieren, hängt von ihrer inneren Einstellung ab.

4. WAS SCHWÄCHT UNSERE SELBSTHEILUNGSKRÄFTE?

Alles, was lebendig ist, also jede einzelne Zelle, jeder Organismus, egal ob es sich um eine Pflanze handelt, ein Tier oder einen Menschen, und auch jede soziale Gemeinschaft – sofern es sich um eine wirkliche Gemeinschaft von aufeinander angewiesenen und voneinander abhängigen Individuen handelt – verfügt über ein Spektrum geeigneter Reaktionsmuster, um aufgetretene Störungen oder Gefährdungen seiner inneren Ordnung auszugleichen. Normalerweise kann dadurch jede von außen verursachte oder im Inneren entstandene Inkohärenz wieder in einen kohärenteren, weniger Energie verbrauchenden Zustand überführt und damit das Überleben der betreffenden Zelle, des Organismus, auch der Fortbestand der jeweiligen Gemeinschaft gewährleistet werden. Diese Fähigkeit, sich selbst wieder »heil« zu machen, ist das, was als die Selbstheilungskraft des betreffenden lebenden Systems bezeichnet wird. Ebenso wie die Fähigkeit zu Wachstum und zur Vermehrung ist diese Fähigkeit zur Selbstheilung in jedem lebenden System von Anfang an angelegt. Sie erst macht es überlebensfähig, erhält es also lebendig.

Diese allem Lebendigen innewohnende Fähigkeit kann deshalb auch nicht weiter gestärkt, wohl aber unterdrückt, abgeschwächt und unwirksam gemacht werden. Weil aber Leben – wie Albert Schweizer es so treffend formuliert hat – etwas ist, »das leben will inmitten von anderem Leben, das auch leben will«, kann sich diese Fähigkeit zur Selbstheilung nicht immer so entfalten, wie sie in einem einzelnen Lebewesen prinzipiell angelegt ist.

Spezialisten werden leichter krank, wenn sie nicht mehr eng genug mit anderen verbunden sind

Überall, wo nur begrenzte Ressourcen verfügbar sind, entsteht durch Wachstum und Vermehrung dort angesiedelter Lebensformen ein sich verstärkender Wettbewerb. Überleben können dann nur noch diejenigen, denen es gelingt, einzelne Fähigkeiten und Leistungen besser herauszubilden und einzusetzen als ihre Konkurrenten. Es kommt daher zwangsläufig zu fortschreitenden Spezialisierungen, nicht nur in Form von speziellen Verhaltensweisen, Strukturen und Mechanismen, die das Überleben der betreffenden Individuen sichern. Auch auf der Ebene ihrer inneren Organisation, also ihres Stoffwechsels und der inneren Regulationsmechanismen, die zur Herausbildung und Aufrechterhaltung spezieller Schutz-, Abwehr- oder auch anderer Strategien zur Sicherung des eigenen Überlebens gefundener Anpassungsleistungen erforderlich sind, werden entsprechende Spezialisierungen herausgebildet. Je stärker das betreffende lebende System gezwungen ist, seine innere Organisation so umzugestalten, dass die Herausbildung derartiger Spezialisierungen ermöglicht wird, desto größer wird die Gefahr, dass dabei ursprünglich vorhandene innere Regelmechanismen zur Sicherung der Gesunderhaltung nicht mehr so effizient ausgebildet und wirksam werden können.

Deshalb sind besonders hochspezialisierte Lebensformen auch besonders anfällig für bestimmte Erkrankungen. Im natürlichen Evolutionsprozess wird dieses Defizit durch die Herausbildung von Lebensgemeinschaften aus vielen, ganz unterschiedlich spezialisierten Lebewesen und deren wechselseitigem Austausch, Kooperation und Symbiose in Form sich selbst erhaltender und die Gesundheitserhaltung aller Beteiligten gewährleistender Ökosysteme gesichert. Die nennen wir dann Wald, Trockenrasen, Wattenmeer oder Savanne. Wenn wir Menschen solche Spezialisierungen bei unseren Haus- und Nutztieren, aber auch bei den nach unseren Vorstellungen gezüchteten Pflanzen durch gezielte Selektion erzeugen, treten die damit einhergehenden Defizite der Selbstheilungskräfte dieser hochspezialisierten Tiere und Pflanzen in Form einer erhöhten Anfälligkeit für Erkrankungen offen zutage.

Eine ganz besondere Form eines Ökosystems ist jeder vielzellige Organismus, also beispielsweise unser eigener Körper. Er besteht aus extrem unterschiedlich spezialisierten Zellen, die alle in einem sich selbst organisierenden Differenzierungsprozess aus der befruchteten Eizelle hervorgegangen sind. Jede Lungen-, Leber-, Haut- oder Nervenzelle ist ein hochspezialisiertes Individuum. Alle sind miteinander verbunden und voneinander abhängig. Hinzu kommen noch unzählige Mikroorganismen, die als unser »Mikrobiom« vor allem im Darm und auf der Haut leben und spezifische, unser Überleben sichernde Leistungen erbringen. Ohne diese Eingebundenheit in das Gesamtgefüge des Organismus könnte keine unserer hochspezialisierten Körperzellen allein überleben. Aber in ihrem Zusammenwirken trägt jede auf ihre Weise dazu bei, dass das gesamte »Ökosystem«, also der jeweilige menschliche Organismus, überlebensfähig und gesund bleibt.

Entfalten kann sich diese Selbstheilungskraft unseres Körpers aber nur so lange, wie all diese unterschiedlichen hochspezialisierten Zellen miteinander verbunden sind, sich ungehindert austauschen und wechselseitig beeinflussen können. Nur dann können sie in der Verschiedenheit ihrer Leistungen und Aktivitäten aufeinander abgestimmt und zu einem Gesamtorganismus integriert werden. Diese Aufgabe wird von Zellen und Organen übernommen, die ihrerseits wiederum genau dafür spezialisiert sind und in Form übergeordneter, integrativer Regelsysteme des Organismus zusammenwirken: das Nervensystem, das Hormonsystem, das kardiovaskuläre System und das Immunsystem, wahrscheinlich auch das bisher in seiner integrativen Funktion noch nicht hinreichend erforschte, als Bindegewebe bezeichnete Kommunikationssystem. Auf jeweils spezifische Weise und mit jeweils speziellen Mechanismen sorgen diese integrativen Regelsysteme dafür, dass die in unserem Organismus ablaufenden Prozesse aufeinander abgestimmt und auftretende Inkohärenzen in Form von Störungen der Funktion einzelner Teilbereiche wieder ausgeglichen werden können. Solange diese integrativen Regelsysteme dazu in der Lage sind, bleibt der Gesamtorganismus gesund.

Die Pflanzen haben anders beschaffene integrative Regelsysteme herausgebildet und auch in den unterschiedlichen, im Verlauf der Evolution entstandenen Tierstämmen, von den Hohltieren über die Insekten bis hin zu den Wirbeltieren, sind derartige integrative Regelsysteme mehr oder weniger stark ausgeprägt. Vor allem mit der Herausbildung eines Gehirns als zentrales Steuerungsorgan der Aktivitäten von Tieren wurde dieses Organ zu einem übergeordneten Regelsystem, vor allem für das autonome Nervensystem, das Hormonsystem, das Immunsystem und das kardiovaskuläre System. Die zentralnervöse Verarbeitung von nicht nur aus dem eigenen Körper dort ankommenden Signalen, sondern auch von Sinnesreizen aus der den Organismus umgebenden Lebenswelt ermöglichte es, die Aktivitäten und Leistungen des autonomen Nervensystems, des Hormonsystems, des kardiovaskulären Systems und des Immunsystems auf wahrgenommene Veränderungen in der äußeren Welt abzustimmen. So wurde es möglich, auch in einer sich ständig verändernden Welt gesund zu bleiben.

Bei Tieren, die in einer von uns Menschen noch weitgehend unberührten Natur aufwachsen und leben, sind diese integrativen Regelsysteme und die von ihnen koordinierten Selbstheilungsprozesse des Organismus noch gut ausgeprägt und effizient wirksam. Wir Menschen verfügen über ein zeitlebens plastisches, lernfähiges Gehirn, das so komplex geworden ist, dass wir damit nicht nur Wahrnehmungen über Veränderungen unserer Lebenswelt abspeichern und später wieder abrufen können. Wir können diese im Gehirn verankerten Wahrnehmungen und im Lauf unseres Lebens gemachten Erfahrungen auch miteinander austauschen, und wir können aus diesen selbst gemachten oder von anderen übernommenen Erfahrungen eigene Vorstellungen herausbilden.

Auf der Grundlage dieser Vorstellungen – und nicht mehr wie die Tiere auf der Grundlage ihrer Wahrnehmungen – versuchen wir uns dann in der Welt zurechtzufinden, unser eigenes Leben und unser Zusammenleben mit anderen, auch mit anderen Lebewesen zu gestalten. Ob eine bestimmte Wahrnehmung zutreffend ist, lässt sich prüfen, indem man seine Aufmerksamkeit darauf richtet und alle verfügbaren Sinne darauf ausrichtet.

Ob eine Vorstellung davon, was auf uns zukommt, wie sich unsere Welt verändert, worauf es im Leben ankommt etc., zutreffend ist oder nicht, lässt sich erst dann überprüfen, wenn sie auch wirklich eingetreten, also wahrnehmbare Realität geworden ist.

Weil wir Menschen kaum noch über angeborene Auslösemechanismen und festgefügte, genetisch verankerten Verhaltensweisen verfügen, müssen wir mit unserem lernfähigen Gehirn alle erst herausfinden, wie das Leben geht. Damit beginnen wir schon als kleine Kinder, und wenn alles gut geht, hören wir zeitlebens nicht auf, Suchende zu sein.

Dabei laufen wir aber auch immer wieder Gefahr, eine ganz bestimmte Vorstellung darüber in unserem Gehirn zu verankern, worauf es im Leben ankommt. Dieser Vorstellung folgen wir dann, als Einzelne oder auch gemeinsam mit anderen. Sie bietet uns Orientierung, lenkt unser Denken, Fühlen und Handeln in eine bestimmte Richtung. Allzu leicht sind wir dann sogar bereit, seelische Bedürfnisse, sogar im eigenen Körper auftretende Störungen und die entsprechenden zum Gehirn weitergeleiteten Signale zu unterdrücken und nicht mehr wahrzunehmen. Dann kann auch unser Gehirn nicht mehr auf diese Signale reagieren und die integrativen Regelsysteme so aktivieren und steuern, dass diese Störung wieder ausgeglichen wird. Damit versagt auch die Fähigkeit des Organismus, sich selbst zu heilen. Die betreffenden Zellen und Organe müssen nun aus eigener Kraft einen Weg finden, um die entstandene Inkohärenz zumindest für sie selbst wieder etwas kohärenter zu machen. Die dabei gefundene Lösung ist dann aber keine für die Gesunderhaltung des Gesamtorganismus günstige Lösung mehr. Mit anderen Worten: Unser Körper wird davon und daran über kurz oder lang krank.

Krank werden Menschen dann, wenn sie Vorstellungen folgen, die nicht mit ihren seelischen Grundbedürfnissen vereinbar sind

Wir werden krank, wenn unsere – und die in allem Lebendigen angelegte – Fähigkeit zur Selbstheilung so sehr geschwächt ist, dass es dem Organismus als Ganzem nicht mehr gelingt, eine Störung des Zusammenwirkens seiner Zellen und Organe – also eine im Körper entstandene Inkohärenz – wieder auszugleichen. Diese unzureichende Selbstheilungskraft haben wir nicht von Anfang an mit auf die Welt gebracht, sie ist erst im Lauf unseres Lebens entstanden, weil das Gehirn als übergeordnetes Integrationszentrum seine Fähigkeit zur Lenkung und Steuerung der entscheidenden, die Funktion der Zellen und Organe unseres Körpers koordinierenden Regelsysteme (das autonome Nervensystem, das Hormonsystem, das Herz-Kreislauf-System, das Immunsystem) zu stark eingebüßt hat. Verantwortlich dafür sind im Gehirn aufgetretene und fortbestehende Inkohärenzen. Verursacht werden diese Inkohärenzen durch übergeordnete, die Arbeitsweise des Gehirns und damit das Denken, Fühlen und Handeln einer Person bestimmende Vorstellungen, wenn diese nicht in Einklang mit der für die Gesunderhaltung des Körpers notwendigen ungestörten Wahrnehmung und Stillung körperlicher Bedürfnisse gebracht werden können.

Hierzu zählt beispielsweise die Vorstellung, der eigene Körper müsse funktionieren und könne optimiert – gegebenenfalls auch repariert – werden wie eine Maschine. Wer davon überzeugt ist, kann den aus dem eigenen Körper zum Gehirn weitergeleiteten Signalen keine Beachtung schenken und wird sie deshalb auch kaum wahrnehmen oder sie sogar aktiv unterdrücken. Eine solche Person bemerkt dann gar nicht oder erst viel zu spät, wenn eine Störung auf der Ebene ihrer körperlichen Funktionen auftritt. So können die im Organismus angelegten Selbstheilungskräfte nicht oder nur unzureichend aktiviert werden. Um das zu ändern, müsste die betreffende Person ihre verloren gegangene Sensibilität für die Wahrnehmung körperlicher Signale zurückgewinnen.

Das aber fällt vielen Menschen in unserer gegenwärtigen, von Wettbewerb und Leistungsdruck geprägten Welt sehr schwer. Die meisten haben sich die im letzten Jahrhundert propagierte Vorstellung zu eigen gemacht, dass es ohne Konkurrenz und die damit einhergehende Auslese der am besten an die jeweiligen Erfordernisse angepassten Individuen keine Weiterentwicklung geben könne. Weil diese Vorstellung mit dem Hinweis auf Darwins Evolutionstheorie begründet wird, betrachten die meisten Menschen den Wettbewerb als unerschütterliches biologisches Grundprinzip. Diese Idee ist so fest in ihren Gehirnen verankert, dass sie bereit sind, so ziemlich alles dafür zu tun, um im Leben erfolgreicher als andere zu sein. »Erfolg« bedeutet in ihrer Vorstellung das Erlangen und die Sicherung von Reichtum, Macht und Einfluss. Getragen wird dieses Bestreben von der Überzeugung, dass sie erst dann, wenn sie dieses Ziel erreicht haben, glücklich sein, ihr Leben selbstbestimmt führen, ihre Bedürfnisse jederzeit stillen und auch für ihre Gesunderhaltung sorgen können.

Aber auch das ist nur eine Vorstellung, die sich unter bestimmten Voraussetzungen in einer Gesellschaft ausbreiten kann und die dann von Generation zu Generation an die jeweiligen Nachkommen als attraktives Bild dessen, worauf es im Leben ankommt, weitergegeben wird. Zwangsläufig sind dann auch manche Menschen bei der Verfolgung dieser Ziele erfolgreicher als andere, erlangen Besitztümer, Macht und Einfluss und sind mit aller Kraft darum bemüht, die so erreichte, herausgehobene Position möglichst auch noch für ihre Nachkommen zu bewahren. Deshalb haben solche in einer Gesellschaft einflussreich und mächtig gewordenen Personen ein großes Interesse daran, die Verhältnisse, die Bedingungen und Voraussetzungen, unter denen sie so erfolgreich agieren konnten, möglichst lange aufrechtzuerhalten. Reformen können sie aushalten, bisweilen sogar für weiteres erfolgreiches Agieren nutzen, aber vor tiefgreifenden Umgestaltungen des jeweils etablierten sozialen Beziehungsgefüges, der bisherigen hierarchischen Ordnung, die ihre Position sichert, haben sie allergrößte Angst.

Deshalb unterstützen und verbreiten alle Machthaber besonders eifrig solche Theorien, die eine grundsätzliche Unveränderbarkeit der göttlichen Schöpfung, der sozialen Verhältnisse oder der menschlichen Natur postulieren. Entweder rechtfertigen solche Vorstellungen die entstandene Ordnung als Ausdruck göttlichen Willens, als Ergebnis naturgesetzlich ablaufender Selektionsprozesse oder als

Resultat der Expression von genetischen Anlagen. Diese deterministischen Theorien werden so lange in der Gesellschaft verbreitet, bis die Mehrheit der Bevölkerung von deren Gültigkeit überzeugt ist und die betreffenden Vorstellungen zur Grundlage ihres Denkens, Fühlens und Handelns und damit der Gestaltung ihres Lebens und ihres Zusammenlebens macht: Wenn alles so sein muss und bleiben wird, wie es ist, lässt sich daran auch nichts ändern. Dann kommt es nur noch darauf an, selbst einigermaßen erfolgreich durchzukommen und möglichst viel mitzunehmen.

All diese oder doch zumindest die eine oder andere dieser Vorstellungen sind in den Gehirnen der meisten Menschen in der sogenannten westlichen Welt noch immer fest verankert. Nur deshalb, weil sie von so vielen Bürgern verinnerlicht wurden, konnten die heute führenden Industrienationen so erfolgreich werden. Genau an diesem Erfolgsrezept orientieren sich inzwischen auch die Menschen in allen anderen Ländern. So sind sie zu global ausgebreiteten, das Denken, Fühlen und Handeln der meisten Menschen beherrschenden Vorstellungen geworden. Das Erfolgsstreben, der Einsatz und die Leistungsbereitschaft so vieler Menschen haben einen immensen Reichtum an Wissen und Können, an Erfindungen und Entdeckungen, an Erkenntnissen und Technologien, an Sicherheit und Bequemlichkeit, an materiellen Gütern und Wohlstand hervorgebracht. Dazu zählen auch vernetzte Gesundheitssysteme, hochwirksame medizinische Behandlungsmöglichkeiten und ein wachsendes Spektrum präventiver Maßnahmen im Rahmen der Gesundheitsvorsorge.

Viele Erkrankungen mit ehemals noch fatalem Ausgang sind heute erfolgreich behandelbar. Doch erkennbar gesünder sind die Menschen dadurch nicht geworden. Glücklicher und lebensbejahender auch nicht. Überall dort, wo der Wohlstand wächst, steigt die Zahl vor allem chronisch kranker Menschen und multimorbider Patienten aus scheinbar unerklärlichen Gründen ebenfalls weiter an. Oder ist es gar nicht der Wohlstand, der Menschen krank macht, sondern das, was diesen Wohlstand und die damit verbundene Lebensweise hervorgebracht hat? Sind es möglicherweise nur die Vorstellungen, denen Menschen folgen und nach denen sie ihr Leben und ihr Zusammenleben gestalten, um das zu erreichen, was sie Wohlstand, Glück und Zufriedenheit nennen, die Menschen krank machen? Gibt es so etwas wie krankmachende Vorstellungen?

Ungünstige Vorstellungen, die unser Denken, Fühlen und Handeln bestimmen, haben ungünstige Auswirkungen auf unsere Gesundheit

Ein Blick in die medizinische Literatur und die dort vorgestellten Forschungsergebnisse über Placeboeffekte macht sehr schnell deutlich, wie heilsam die in einem Patienten geweckte Vorstellung sein kann, eine bestimmte Behandlung, meist die Verabreichung einer vom Arzt als besonders wirksam angepriesenen, aber kein wirksames Medikament enthaltenden Pille, führe zu einer raschen Heilung.

Umgekehrt funktioniert das genauso. Ist eine Person fest davon überzeugt, dass ihr etwas verabreicht oder mit ihr gemacht wird, das sie für krankmachend hält, ist es durchaus möglich und im Rahmen der sogenannten Nocebo-Forschung längst vielfach nachgewiesen, dass diese Person aufgrund ihrer krankmachenden Vorstellung – nicht durch die unwirksame Behandlung – tatsächlich krank wird.

Aber gibt es auch Vorstellungen, die Menschen krank machen, obwohl sie doch persönlich davon überzeugt sind, dass sie durch die Realisierung dieser Ideen in ihrem Leben erfolgreich und glücklich werden und somit auch gesund bleiben?

Am Beispiel des eben genannten Nocebo-Effektes lässt sich die krankmachende Wirkung krankmachender Vorstellungen am leichtesten verstehbar machen.

Der menschliche Organismus verfügt über Selbstheilungskräfte, die ihre Wirkung insbesondere über die im gesamten Organismus ausgebreiteten integrativen Systeme entfalten: das autonome Nervensystem, das Hormonsystem, das kardiovaskuläre System und das Immunsystem. Gesteuert und koordiniert wird deren Aktivität im Gehirn, nicht von der Hirnrinde, sondern von neuronalen Netzwerken, die in entwicklungsgeschichtlich älteren und tiefer im Hirn gelegenen Bereichen lokalisiert sind. Diese Netzwerke dienen der Regulation der im Körper ablaufenden Prozesse, sie sind nicht daran beteiligt, wenn wir uns etwas vorstellen oder ausdenken. Deshalb gibt es diese Netzwerke auch schon bei den Krokodilen. Solange sie in ihren Aktivitäten und ihrem Zusammenwirken durch nichts gestört werden, ist alles gut. Sie machen dann ihren Job, sorgen dafür, dass alles im Körper möglichst gut zusammenpasst und dass es wieder kohärenter gemacht wird, wenn eine Störung dort zu einer Inkohärenz geführt hat.

Wenn jemand aber auf die Idee kommt und fest davon überzeugt ist, dass ihn etwas Bestimmtes mit Sicherheit krank macht, so führt das in den oberen und vorderen Bereichen des Gehirns, im sogenannten Frontallappen zu einer sich ausbreitenden Inkohärenz. Die dort befindlichen Nervenzellen fangen an, vermehrt zu feuern, es entsteht ein zunehmendes Durcheinander, das sehr viel Energie verbraucht und sich – solange diese Vorstellung fortbesteht – auch auf tiefer und weiter unten im Hirn liegende Bereiche ausbreitet, auch auf die für die integrative Regulation der Körperfunktionen zuständigen. Wenn die dort liegenden Netzwerke von diesem Durcheinander mit erfasst werden, können sie nicht mehr ungestört das tun, wofür sie da sind. So kommen dann auch die Regulation und Integration der im Körper ablaufenden Prozesse zunehmend durcheinander. Das, was die Selbstheilung normalerweise ermöglicht, wird unwirksam, entstandene Inkohärenzen können nicht mehr ausgeglichen werden und die betreffende Person wird krank. Was dabei in ihrem Körper zuerst und am stärksten aus dem Ruder läuft, hängt von ihrer jeweiligen Konstitution, von Vorerkrankungen und spezifischen Anfälligkeiten, also ihrer »Vulnerabilität« ab.

Bestimmte Vorstellungen können also im Hirn durchaus ein gewisses, für die Aktivierung von Selbstheilungskräften ungünstiges Durcheinander erzeugen. Ausgehend von dieser Erkenntnis können wir nun der Frage nachgehen, ob auch die in den Gehirnen recht vieler Menschen verankerten Vorstellungen davon, worauf es im Leben ankommt, zu solchen Inkohärenzen führen und damit krankmachende Wirkungen haben. Dazu ist es wichtig, uns noch einmal zu vergegenwärtigen, dass alle Menschen, überall auf der Welt, bereits mit zwei Grundbedürfnissen zur Welt kommen und dass es im Gehirn zu sehr tiefgreifenden Inkohärenzen kommt, wenn diese beiden Grundbedürfnisse nicht gestillt werden können.

Das eine ist das Bedürfnis nach Verbundenheit und Zugehörigkeit, das andere das Bedürfnis nach Selbstbestimmung, Autonomie und Freiheit. Neben diesen seelischen Bedürfnissen haben wir auch noch körperliche Bedürfnisse. Wenn wir die nicht stillen können, leiden wir an Hunger oder Durst, Schlafmangel, unzureichenden Ruhepausen zur Regeneration oder mangelnder Bewegung und körperlicher Anstrengung. Auch das führt im Hirn zu einem ziemlichen Durcheinander.

Wie ist es nun um die Kohärenz im Gehirn eines Menschen bestellt, der von der Vorstellung besessen ist, er müsse so gut wie möglich funktionieren, alle an ihn herangetragenen Aufgaben zur Zufriedenheit seiner Vorgesetzten oder Auftraggeber erfüllen, um im Leben möglichst erfolgreich zu sein? Der isst nicht dann, wenn er Hunger hat, sondern dann, wenn es in seinen Arbeitsplan passt. Der schläft nicht dann, wenn er müde ist, weil er immer noch irgendetwas zu erledigen hat. Der findet keine Muße zum Ausruhen, bewegt sich nicht genug und spürt gar nicht, dass ihm all das nicht guttut. Er setzt sich mit seiner Vorstellung über seine Bedürfnisse hinweg, versucht sogar, diese so gut es geht zu unterdrücken oder nicht wahrzunehmen. In seinem Gehirn führt das zu fortwährenden Inkohärenzen, die sich auch auf die für die Körperregulation zuständigen Bereiche ausbreiten und die dort ablaufenden Regelprozesse so lange durcheinanderbringen, bis er irgendwann krank wird.

Besonders leicht fällt die Verletzung ihrer körperlichen Bedürfnisse all jenen Menschen, die fest davon überzeugt sind, dass der Wettbewerb ein Naturgesetz ist und es daher darauf ankommt, besser, schneller, effektiver als alle anderen zu sein. Diese Personen haben dann noch ein zusätzliches, fortwährend Inkohärenzen in ihrem Gehirn erzeugendes Problem. Konkurrenz ist ja das Gegenteil von Verbundenheit. Sie zerstört zwangsläufig das Band, das Menschen miteinander verbindet, und macht sie zu Einzelkämpfern, die ihre Interessen auf Kosten anderer durchsetzen.

Menschen können aber in dieser Weise nur miteinander um die besten Plätze konkurrieren, wenn es ihnen hinreichend gut gelingt, ihr tiefes, angeborenes Bedürfnis nach Verbundenheit zu unterdrücken. Es ist noch da, aber es darf nicht hochkommen. Die Folge ist auch hier eine andauernde, nicht mehr abstellbare Inkohärenz auf der Ebene des Zusammenwirkens unterschiedlicher Hirnbereiche. Kein Wunder, wenn Menschen krank werden, deren

Leben und Zusammenleben mit anderen von der Idee beherrscht wird, erfolgreicher als andere sein zu müssen.

Genauso problematisch und auf Dauer ebenfalls gesundheitsschädigend sind all jene Vorstellungen, die einen Menschen, der sie fest genug in seinem Hirn verankert hat, daran hindern, sein Leben und damit sich selbst noch einmal grundlegend zu verändern.

Wer der Meinung ist, er sei so, wie er ist, weil der liebe Gott ihn so erschaffen hat oder weil seine genetischen Anlagen ihn so zusammengebaut haben oder weil Mama oder Papa oder wer auch immer ihn so erzogen und so geprägt haben, wird gar nicht auf die Idee kommen, geschweige denn aus eigener Kraft darangehen, sich selbst und das Leben, in dem er sich inzwischen mehr oder weniger gut eingerichtet hat, in irgendeiner Weise zu verändern. Da sich aber das Leben und die Welt, in der wir alle existieren, in Wirklichkeit ständig verändern, ja verändern müssen, solange wir lebendig sind, fällt es solchen »Besitzstandswahrern« immer schwerer, sich an die fortwährend stattfindenden Veränderungen ihrer Lebenswelt anzupassen. Und weil sie dann über kurz oder lang mit ihren Vorstellungen immer schlechter in diese sich immer stärker verändernde Welt hineinpassen, kommt es in ihren Gehirnen zu immer ausgeprägteren und zunehmend um sich greifenden Inkohärenzen – bis auch sie davon krank werden.

Nun lichtet sich der Nebel und die scheinbar unerklärlichen Gründe für die steigende Zahl chronisch Kranker und multimorbider Patienten in all jenen Ländern, in denen die Wirtschaft blüht und der Wohlstand wächst, werden immer deutlicher erkennbar: Es ist nicht der Wohlstand, der sie krank macht, sondern es sind die Vorstellungen dieser Menschen, die es ihnen ermöglicht haben, diesen Wohlstand aufzubauen und zumindest bis jetzt zu sichern und zu erhalten. Diese Vorstellungen, denen bisher so viele Menschen gefolgt sind und denen nun überall auf der Welt noch viel mehr Menschen zu folgen bereit sind, stehen im Widerspruch zu dem, was sie brauchen, um gesund zu bleiben.

5. WAS STÄRKT UNSERE SELBSTHEILUNGSKRÄFTE?

Wie schön wäre es, wenn die Welt endlich zu einem Paradies für uns alle würde. Oder das Himmelreich auf Erden endlich anbräche. Wer daran nicht zu glauben vermag, nimmt vielleicht mit einem Schlaraffenland gedanklich vorlieb, in dem ihm oder ihr die gebratenen Tauben direkt in den offenstehenden Mund fliegen. Jedenfalls soll es in dieser so sehnsüchtig erträumten Welt kein Unglück, keine Probleme, keine Krankheiten und stattdessen alles, was das Herz begehrt, im Überfluss geben. Aber auch wenn wir es uns noch so sehr wünschen: Ein Leben ohne Probleme, ohne immer wieder auftretende und unser Gehirn durcheinanderbringende Inkohärenzen kann und wird es nicht geben, solange wir noch am Leben sind. Nicht dass es so bleibt, wie es einmal geworden ist, sondern dass es ständig aufs Neue durcheinanderkommt, sich neu ordnen muss und dabei herausfindet, wie es sich selbst verändern, sich an neue Gegebenheiten anpassen kann, zeichnet das Leben als Ganzes und jedes lebendige Wesen als einzigartigen Teil davon aus.

Wie die Grashüpfer und Buschwindröschen das machen, lässt sich nicht ganz so leicht erkennen. Aber jeder Baum draußen in der Natur zeigt uns durch seine einzigartige Erscheinungsform, wie er diese Aufgabe gemeistert hat. Auch, wie er beim Versuch, sich an allzu ungünstige Bedingungen anzupassen, kleinwüchsig und krumm, womöglich sogar anfällig für Pilzbefall und Schadinsekten – und damit für Krankheiten – geworden ist. Und uns Menschen geht es ganz genauso. Nur ist das, was uns daran hindert, gesund zu bleiben, nicht der Wind und das Wetter oder ein schlechter Standort. Unser größtes krankmachendes Problem ist die Angst, von anderen abgelehnt, nicht gesehen, nicht gemocht zu werden. Das macht uns schwer zu schaffen, und deshalb versuchen wir auch alle, uns selbst so lange zu verbiegen, uns so lange nach den Erwartungen anderer zu richten und unsere eigenen Bedürfnisse zu unterdrücken, bis diese Angst einigermaßen weg ist. Dabei bilden wir dann jeweils eigene Vorstellungen davon heraus, worauf es im Leben ankommt. Oft übernehmen wir diese Vorstellungen auch einfach nur von anderen, uns wichtigen Bezugspersonen und machen sie uns zu eigen.

Auch wenn wir es anfangs noch gar nicht bemerken, sind diese Vorstellungen nicht immer gut für uns. Oft passen sie nicht zu dem, was wir brauchen, um glücklich und gesund zu bleiben. Sie erzeugen im Gehirn Inkohärenzen, die sich auch durch größte Anstrengungen nicht vollständig und vor allem dauerhaft unterdrücken lassen. So kommen auch die für unsere Körperregulation verantwortlichen Bereiche im Gehirn immer wieder durcheinander, die Selbstheilungskräfte funktionieren nicht mehr hinreichend gut, und wir werden über kurz oder lang krank. Um diese Selbstheilungskräfte wieder zu stärken, müssten wir lernen, etwas besser zu verstehen, was uns Angst macht. Vielleicht gelingt es uns dann, diese Ängste anzunehmen, verloren gegangenes Vertrauen zurückzugewinnen und uns womöglich auch von der einen oder anderen krankmachenden Vorstellung liebevoll zu verabschieden.

Wir könnten lernen, unsere eigenen Ängste besser zu verstehen

Angst ist ein Gefühl, das immer dann entsteht, wenn sich im Hirn ein inkohärenter Zustand so stark auszubreiten beginnt, dass davon auch ältere und tiefer im Hirn liegende, für die Regulation körperlicher Funktionen zuständige Bereiche erfasst werden. Das ist keine einfache Reiz-Antwort- (»Stimulus-Response«-)Reaktion, sondern ein Prozess, und der braucht Zeit. Er beginnt mit einer leichten Irritation (weil etwas wahrgenommen wird, das nicht zu den Erwartungen einer Person passt). Die geht dann über in ein Gefühl der Verunsicherung (weil die betreffende Person nicht so recht weiß, was sie jetzt tun, wie sie sich verhalten soll). Daraus erwächst das Empfinden von Hilflosigkeit und Ohnmacht (weil dieser Person nun immer deutlicher wird, dass sie diese bedrohliche Situation nicht abwenden kann).

Nicht immer gelingt es einem Menschen, sich selbst gut zu beobachten und sich bewusst zu machen, ob er nur irritiert, bereits verunsichert oder schon völlig hilflos ist. Die Übergänge sind fließend, oft handelt es sich auch um nur schwer zu beschreibende Empfindungen. Meist sind diese Empfindungen auch schon von Versuchen zur Wiederherstellung der verloren gegangenen Kohärenz begleitet und werden davon überlagert. Deshalb ist das Gefühl der Angst immer und grundsätzlich Ausdruck eines inneren, subjektiven Geschehens. Objektiv messbar sind nur die mit dieser subjektiv empfundenen Angst einhergehenden körperlichen Reaktionen und Verhaltensweisen. Die Angst wird in Form dieser automatisch ablaufenden Reaktionen als Irritation, Verunsicherung und Ohnmacht erlebt. Eine Person kann dieses Erleben beschreiben, aber nicht durch kognitive Überlegungen steuern. Es läuft in ihr ab und lässt sich willentlich nicht beeinflussen. Die Fokussierung der Aufmerksamkeit auf dieses körperliche Angsterleben verstärkt die Wahrnehmung der dabei stattfindenden Körperreaktionen – und erzeugt bei manchen Personen eine zusätzliche Angst vor dem, was nun auch noch im eigenen Körper abläuft.

Wir könnten besser lernen, die Unkontrollierbarkeit des Lebens anzunehmen

Bewusst erlebt wird aber das befreiende Gefühl, das sich immer dann einstellt, wenn es gelungen ist, den als Angst empfundenen inkohärenten Zustand im Gehirn durch eine eigene Lösung oder eine glückliche Fügung wieder in einen kohärenteren Zustand zu verwandeln. Dann bekommt man wieder »den Kopf frei«. Erst dann, wenn sich das bis dahin im Frontalhirn als allgemeines »Arousal« entstandene Durcheinander wieder beruhigt hat, ist es einer Person möglich, sich bewusst zu vergegenwärtigen und darüber nachzudenken, was tatsächlich vorgefallen ist. Erst jetzt, wenn es in ihrem Gehirn wieder etwas kohärenter zugeht, ist sie auch in der Lage, die Ursache oder zumindest den Auslöser ihrer Angst zu erkennen. Erst dann kann sie begreifen und sich bewusst machen, was ihr geholfen hat und wie es ihr gelungen ist, die drohende Gefahr doch noch abzuwenden und die damit einhergehende Angst zu beruhigen. Es ist also nicht der Zustand der Angst, in dem dieser Erkenntnisprozess abläuft und diese Lernerfahrung gemacht wird. Es ist der Umstand, dass diese Angst überwunden, eine geeignete Lösung gefunden werden konnte.

All das, was eine Person erfolgreich eingesetzt und unternommen hat, um einen inkohärent gewordenen Zustand wieder in einen kohärenteren zu verwandeln, wird nun in Form der dabei aktivierten neuronalen Verschaltungen fest in ihrem Gehirn verankert. Nicht die Angst, sondern das Erleben, eine bedrohliche Situation gemeistert zu haben, führt zur Aktivierung des sogenannten »Belohnungszentrums« und damit zur Freisetzung von Botenstoffen und Wachstumshormonen, die das Auswachsen neuer Fortsätze und das Knüpfen neuer Nervenzellkontakte stimulieren. Aber ohne diese vorausgegangene Angst könnten wir nicht lernen, wie sie sich überwinden lässt, auch wie sich künftig ähnlich bedrohliche Situationen vermeiden oder rechtzeitig abwenden lassen. Das ist der Grund, weshalb wir ohne Angst – so unangenehm sie auch sein mag – nicht leben können.

Jedoch können wir auch nicht in einem andauernd inkohärenten, von ständiger Angst begleiteten Zustand leben. Er verbraucht zu viel Energie, und wenn die nicht mehr ausreicht, um die innere Struktur und Organisation unseres Gehirns und damit unseres Körpers aufrechtzuerhalten, wird unser gesamter Organismus zunehmend instabiler – bis er zerfällt und sich die in seinen materiellen Strukturen enthaltene Energie wieder gleichmäßig im Universum verteilt.

Wenn wir alles im Griff hätten und in der Lage wären, unsere Zukunft tatsächlich so zu gestalten, wie wir sie uns vorstellen und wünschen, wenn wir alles, was künftig geschieht, genau vorhersagen könnten und für alle zu unseren Lebzeiten auftretenden Schwierigkeiten, Probleme und Bedrohungen eine optimale Lösung parat hätten, gäbe es keine Zukunft mehr. Dann würde nur noch alles genau so weitergehen, wie wir es geplant, vorausgesehen und unter Kontrolle zu bringen gelernt haben. Ein Flug zum Mond lässt sich so organisieren, aber unser Leben auf der Erde nicht. Es ist das Grundmerkmal alles Lebendigen, dass jedes Lebewesen allein dadurch, dass es lebt, wächst und sich fortpflanzt, Nahrung zu sich nimmt und die Überreste ausscheidet, zwangsläufig die Welt verändert, in der es lebt.

Keine andere Spezies ist in der Lage, ihre eigene Lebenswelt so sehr zu verändern und nach ihren eigenen Vorstellungen zu gestalten wie wir Menschen. Und die

Vertreter keiner anderen Art sind deshalb auch so sehr gezwungen, sich immer wieder neu an die von ihnen selbst hervorgebrachten Veränderungen ihrer eigenen Lebenswelt anzupassen. Indem wir irgendetwas in der Welt verändern, erzeugen wir Inkohärenzen. Wenn die hinreichend stark werden, bekommen wir Angst. Und die begleitet uns so lange, bis wir eine Lösung gefunden haben, die das so entstandene Durcheinander wieder etwas kohärenter macht.

Es macht keinen Unterschied, ob die Angst durch ein reales bedrohliches Geschehen ausgelöst wird oder durch die bloße Vorstellung, dass etwas Gefährliches passieren könnte. In beiden Fällen ist sie der spürbare Ausdruck einer sich im Gehirn ausbreitenden und immer tiefer reichenden Inkohärenz. Und der Grund für dieses um sich greifende Durcheinander ist der Umstand, dass wir keine geeignete Lösung finden, um es abzustellen, sei es aus eigener Kraft, sei es mit der Unterstützung durch andere und auch nicht durch das Vertrauen, es werde schon alles wieder gut.

Wer in Angst und Panik gerät, verliert aber nicht gleich den ganzen Kopf. Wenn die oberen, besonders komplex vernetzten Bereiche wegen zu großen Durcheinanders ausfallen, übernehmen die darunter liegenden, einfacheren und stabileren das Kommando. Dann fallen die betreffenden Personen zurück in alte, schon während ihrer Kindheit gebahnte Verhaltensweisen. Manche brüllen herum, hauen auf den Tisch oder schlagen die Türen zu. Andere ziehen sich zurück, essen erst einmal etwas Süßes oder räumen ihr Zimmer auf. Wenn das alles nichts hilft und das Durcheinander im Kopf und damit auch die Angst immer größer wird, übernimmt schließlich der Hirnstamm das Kommando. Dort liegen sehr stabile, uralte Nervenzellverschaltungen, die unsere sogenannten Notfallreaktionen steuern: Angriff, und wenn das nicht geht: Flucht, und wenn gar nichts mehr geht: ohnmächtige Erstarrung.

Wir könnten lernen, verloren gegangenes Vertrauen zurückzugewinnen

Diese Fahrstuhlfahrt hinab in die schon bei den Krokodilen im Hirn vorhandenen Notfallprogramme wird sofort angehalten, wenn es der betreffenden Person gelingt, ihr angesichts der Bedrohung verloren gegangenes Vertrauen zurückzugewinnen.

Wir Menschen verfügen über drei Vertrauensressourcen, die uns in schwierigen Situationen helfen, wieder einen kühlen Kopf zu bekommen, also den mit einer um sich greifenden Inkohärenz verbundenen enormen Energieverbrauch im Gehirn wieder zu verringern. Bildlich vorstellen kann man sie sich als einen dreibeinigen Hocker. Wenn da ein Bein fehlt, fällt er zusammen mit dem, der darauf sitzt, sehr leicht um. Das erste Bein ist das Vertrauen in die eigenen Kompetenzen. Wem es angesichts einer Bedrohung einfällt, dass er ja schon ähnliche Situationen ganz gut meistern konnte, macht dann das, was ihm auch damals schon geholfen hatte, und wenn es so funktioniert, verschwindet die Angst.

Damit jemand aber ein möglichst breites Spektrum an eigenen Kompetenzen zur Angstbewältigung herausbilden kann, muss die betreffende Person schon während ihrer Kindheit, aber auch später im Leben möglichst viele unterschiedliche Probleme selbst gelöst und Gefahren durch geeignete Verhaltensweisen überstanden haben. Jemand, dem schon als Kind alle Probleme und Schwierigkeiten von Eltern und anderen wohlmeinenden Unterstützern aus dem Weg geräumt werden, kann das freilich nicht lernen. Wenn wir unsere Liebsten also vor den angsteinflößenden Botschaften irgendwelcher Rattenfänger schützen wollen, sollten wir dafür sorgen, dass sie immer wieder mit neuen, durchaus auch bedrohlichen Situationen konfrontiert werden. Allerdings nur mit solchen, die sie aus eigener Kraft und gegebenenfalls mit ein wenig Unterstützung durch uns zu bewältigen imstande sind. Nicht in der Theorie, sondern nur durch selbst gemachte praktische Erfahrungen können sich Kinder, Jugendliche und Erwachsene das Wissen und die Kompetenzen aneignen, die sie brauchen, um in bedrohlichen Situationen zu wissen, was zu tun ist. Das Vertrauen in die eigenen, im bisherigen Leben bereits erworbenen Fähigkeiten zur Bewältigung von Schwierigkeiten zerbricht aber sofort und meist auch sehr nachhaltig, wenn sich die betreffende Person mit Problemen konfrontiert sieht, die so bedrohlich werden, dass sie nicht die geringste Chance hat, selbst etwas zu tun, um dieser Gefahr zu entkommen. Kindern geht das so, wenn sie erleben müssen, dass ihre eigenen Eltern völlig verzweifelt und ohnmächtig reagieren, weil sie vor etwas Angst haben, das sie weder kontrollieren

noch abstellen können. Und wie viele Kinder müssen hilflos zuschauen, wie ihre Eltern ständig miteinander streiten,
einander verletzen und irgendwann so ratlos sind, dass sie
voreinander davonlaufen und sich trennen?

Wenn es noch nicht einmal ihre Eltern schaffen, verlieren diese Kinder das Vertrauen, dass sie jemals selbst in
der Lage sind, Lösungen für ein Zusammenleben mit anderen ohne Angst zu finden. Damit Heranwachsende stark
werden, brauchen sie keine Maulhelden, Helikoptereltern
oder Warmduscher, sondern starke und liebevolle Begleiter.

Manche Bedrohungen können aber so massiv werden, dass sie aus eigener Kraft beim besten Willen nicht
bewältigbar sind. Das schafft man dann nur gemeinsam
mit anderen. Dazu muss man aber darauf vertrauen können, dass es im Umfeld Freunde und Verwandte gibt, die
einem in solchen Fällen beistehen. Das wäre das zweite
Bein an diesem Hocker. Und das dritte brauchen wir für
den Fall, dass auch das nichts nützt und die Bedrohung
weder allein noch gemeinsam mit anderen abgewendet
werden kann. Dann hilft nur noch der Glaube daran, dass
es wieder gut wird. Beneidenswert sind deshalb all jene, die
sich vorstellen können, dass es in der Welt oder im Universum oder wo auch immer etwas gibt, in das sie selbst
eingebunden sind, das ihr Leben beschützt und bewahrt.
Es klingt nicht so recht greifbar, aber dieses Grundgefühl,
dass »es wieder gut wird«, scheint die stärkste Vertrauens-
ressource zur Bewältigung der Angst zu sein, weil sie weder
von unseren eigenen Kompetenzen noch von denen anderer abhängig ist.

Wir Menschen sind zutiefst soziale Wesen und wir können die in uns angelegten Potentiale nur in einer Sicherheit bietenden Gemeinschaft mit anderen Menschen zur Entfaltung bringen. Nichts macht uns mehr Angst, als allein gelassen und aus der Gemeinschaft mit anderen ausgeschlossen zu werden. Genau das geschieht aber, wenn wir wie ein Objekt behandelt werden. Wenn wir erleben müssen, dass es diesen Anderen nicht reicht, dass wir so sind, wie wir sind, dass wir – um ihre Wertschätzung und Anerkennung zu finden und dazugehören dürfen – so sein oder werden sollen, wie diese es von uns erwarten. Deshalb sucht jeder, der das erleben muss, nach einer Lösung. Die kann Anpassung heißen und bedeutet, dass man sich anstrengt, die Erwartungen dieser Anderen zu erfüllen. Damit macht man sich selbst zum Objekt und übernimmt die einem zugewiesene Rolle. Wer das schafft, hat eine kohärenzstiftende Lösung gefunden. Oder man lernt, wie man diese Anderen zum Objekt seiner eigenen Absichten und Ziele, Belehrungen und Bewertungen und womöglich sogar seiner Maßnahmen und Anordnungen machen kann. Auch das ist eine Lösung, und je besser sie funktioniert, desto fester wird sie in Form der dafür verantwortlichen neuronalen Verschaltungen im Gehirn verankert.

Was solchen Menschen entweder schon während ihrer Kindheit oder später im Leben Angst gemacht hatte, war die schmerzvolle Erfahrung, von ihnen nahestehenden Personen aus ihrem familiären Umkreis, später auch noch von Lehrern und Ausbildern, Vorgesetzten, vielleicht sogar Lebenspartnern nicht in ihrer Einzigartigkeit als Person, als

Subjekt gesehen, angenommen, wertgeschätzt und unterstützt worden zu sein. Stattdessen wurden sie von diesen Anderen zum Objekt von deren Absichten und Zielen, Belehrungen und Bewertungen, Maßnahmen und Anordnungen gemacht. Das löst Angst aus und tut weh. Es ist eine schwere Verletzung der Würde eines jeden Menschen, wenn er nicht als Subjekt gesehen und angenommen, sondern wie ein Objekt behandelt wird. Im Gehirn kommt es dann zu der bereits beschriebenen Aktivierung der gleichen Netzwerke, die auch durch körperliche Schmerzen aktiviert werden.

Wir könnten versuchen, uns von unseren krankmachenden Vorstellungen zu verabschieden

Bis heute ist vielen noch immer nicht klar, wie leicht wir Menschen uns auf unserer Suche nach Wegen aus der Angst verirren und in fatalen Sackgassen landen können. Der immer neue Versuch, einen inkohärent gewordenen Zustand wieder etwas kohärenter zu machen, führt zwangsläufig auch zu Irrtümern. Wenn wir diese endlich erkennen, und die Vorstellung unserer eigenen Unfehlbarkeit erschüttert wird, bekommen wir besonders große Angst. Die lehrt uns dann das, was wir Demut nennen und auch die Bereitschaft, fortan aus unseren Fehlern zu lernen. Vielleicht sind wir dann sogar bereit, uns selbst zu verändern.

Aber allein die Vorstellung, einen endlich erreichten und als zumindest einigermaßen passend empfundenen, kohärenten Zustand aufzugeben, macht uns eben auch Angst. Deshalb lassen wir dann doch lieber alles beim Alten, halten fest an unseren Gewohnheiten und versuchen so zu bleiben, wie wir geworden sind. Der in diese Lösung eingebaute Fallstrick ist, dass sie nur so lange funktioniert, wie die Welt, in der wir leben, sich nicht allzu schnell und allzu stark zu verändern beginnt. Sonst wird es über kurz oder lang zunehmend unbehaglicher. Wir spüren, dass es so nicht weitergehen kann, versuchen, die Welt wieder so zu machen, wie wir sie kannten, und bekommen Angst, wenn wir zu erkennen beginnen, dass uns das nicht mehr gelingt.

6. WIE KANN EINE GESUNDMACHENDE VERÄNDERUNG GELINGEN?

In viel stärkerem Ausmaß als bisher angenommen, spielen für die Unterdrückung wie auch für die Reaktivierung von Selbstheilungsprozessen zentralnervöse Regelmechanismen für die integrative Kontrolle körperlicher Prozesse eine entscheidende Rolle. Die zentralnervösen integrativen Regulationsprozesse sind in den älteren, tiefer liegenden Bereichen des Gehirns, insbesondere im Hirnstamm lokalisiert. Diese dort schon während der pränatalen Phase der Hirnentwicklung herausgeformten neuronalen Netzwerke und Regelkreise sind in ihrer Funktionsweise jedoch sehr leicht störbar durch übergeordnete, limbische, kortikale und insbesondere präfrontale Einflüsse.

Aus diesem Grund ist es nur möglich, die Selbstheilungskräfte eines Patienten zu reaktivieren, wenn es gelingt, die Vorstellungen, Gefühle und Haltungen des betreffenden Patienten so zu verändern, dass sie wieder in Einklang mit den lebendigen Bedürfnissen seines Körpers stehen. Erst dann können die Störungen der in diesen tiefer liegenden Bereichen des Gehirns liegenden und für die integrative körperliche Regulation verantwortlichen neuronalen Netzwerke aufgelöst oder zumindest in ihrer Wirkung abgeschwächt werden.

Aus neurobiologischer Sicht geht es dabei in erster Linie darum, im präfrontalen Cortex verankerte, die Selbstheilungskräfte des Organismus unterdrückende innere Einstellungen und Haltungen zu verändern. Die diesen Einstellungen und Haltungen zugrunde liegenden neuronalen Netzwerke und synaptischen Verschaltungsmuster im präfrontalen Cortex sind lebensgeschichtlich später herausgebildet worden als die für die Regulation körperlicher Prozesse verantwortlichen Netzwerke und Verschaltungen in den tiefer liegenden Bereichen des Gehirns. Aus diesem Grund ist die Reaktivierung bisher unterdrückter Selbstheilungskräfte immer dann möglich, wenn es einem Menschen gelingt, etwas wiederzufinden, was er verloren hatte, oder wieder an etwas anzuknüpfen, was unterbrochen oder getrennt worden war.

Konkret heißt das, ihm muss Gelegenheit geboten werden, Erfahrungen zu machen, die sein Kohärenzgefühl wieder stärken. Mit anderen Worten: Die im Lauf seines bisherigen Lebens gemachten Erfahrungen von Unverbundenheit, von Unvereinbarkeit, Unverständnis und Hilflosigkeit müssen durch solche Erfahrungen überlagert werden, die an während der Kindheit gemachte Erfahrungen von Kohärenz, von Verbundenheit und eigener Gestaltungsfähigkeit anknüpfen.

Salutogenetische
Grundregeln beachten

Mit der Frage, was Menschen krank macht, befasst sich schon seit langem ein bedeutendes, in viele unterschiedliche Teildisziplinen aufgefächertes Forschungsgebiet der Medizin, die Pathologie. Was aber Menschen dazu befähigt, auch dann gesund zu bleiben, wenn sie all diesen krankmachenden Einflüssen ausgesetzt sind – oder wenn sie krank geworden sind, besonders schnell wieder gesund zu werden –, wird erst seit wenigen Jahren genauer untersucht. Das dabei entstandene Forschungsgebiet wird als Salutogenese bezeichnet. Es ist die Lehre von dem, was Menschen gesund erhält.

Vor allem der israelisch-amerikanische Soziologe und Gesundheitsforscher Aaron Antonovsky hat in umfangreichen Untersuchungen herausgefunden, was ausschlaggebend dafür ist, ob eine Person seltener krank und schneller wieder gesund wird. Bezeichnenderweise handelt es sich dabei nicht um bestimmte objektiv beschreibbare Gegebenheiten, sondern um ein subjektiv empfundenes Gefühl. Kohärenzgefühl hat es Antonovsky genannt. Es ist das persönliche Empfinden, das eine Person hat, wenn all das, was sie tagtäglich erlebt, was sie erfährt und was sie wahrnimmt, gut zu ihren eigenen Erwartungen passt.

Im Zustand völliger Kohärenz gibt es keine Widersprüche, keine ungestillten Bedürfnisse, keine Störungen, Trennungen und Abspaltungen mehr. Ihn strebt alles Lebendige, jedes einzelne Lebewesen, und wenn es ein Gehirn besitzt, auch jedes Gehirn bei allem, was es tut, wie es seine Beziehungen gestaltet und sich strukturiert, ständig an, weil sein Energieverbrauch unter diesen Bedingungen am geringsten ist. Vollständig erreichbar, das hatten wir ja schon herausgearbeitet, ist dieser Idealzustand allerdings nie, denn es ist das Wesensmerkmal alles Lebendigen, dass seine innere Ordnung aufgrund seiner Offenheit für Einflüsse aus der äußeren Welt immer wieder gestört wird. Sonst könnte es nicht auf Veränderungen in seiner Lebenswelt reagieren und dabei lernen, wie sie sich ausgleichen, abwehren oder integrieren lassen. Es geht also für jedes Lebewesen nicht um das Erreichen eines Zustandes, sondern um das Gestalten eines Prozesses. Deshalb müsste das, was Aaron Antonovsky »Kohärenzgefühl« genannt hat, treffender als »Kohärenz-Wiederherstellungs-Komeptenz-Gefühl« bezeichnet werden. Diese Überzeugung, dass es nichts in der Welt mehr gibt, was ihr inneres Gleichgewicht zu bedrohen vermag, weil sie für alle Störungen und Probleme eine geeignete Lösung findet, kann allerdings nur eine Person herausbilden, die zeitlebens die Erfahrung machen konnte, dass sie imstande war, unterschiedlichste im Leben auftretende Probleme und Herausforderungen so zu lösen und zu meistern, dass die damit einhergehende Inkohärenz im eigenen Gehirn immer wieder in einen etwas kohärenteren Zustand verwandelt werden konnte.

Menschen, die dieses Gefühl haben, sind zu beneiden. Sie sind glücklich, sie bleiben gesünder, sie gestalten ihr Leben mit Freude und Leichtigkeit und sie hören nicht auf, sich zeitlebens über jede eigene Weiterentwicklung zu freuen. Genau diese Freude an dem, was sich in der Welt alles entdecken und gestalten lässt – egal, wie alt man schon geworden ist –, führt zur Aktivierung der im Mittelhirn liegenden emotionalen Zentren. Diese Zentren erregen immer dann, wenn wieder einmal eine passende Lösung gefunden wurde, all jene Netzwerke im Gehirn, die für das Zustandekommen angenehm empfundener Körperreaktionen zuständig sind. Dann durchzieht die Freude – wenn sie besonders stark wird, auch in Form von Begeisterung – den ganzen Körper. Sie ist spürbarer Ausdruck der durch die gefundene Lösung wiederhergestellten Kohärenz. Das stärkt die eigenen Selbstheilungskräfte und erhält den betreffenden Menschen gesund.

All das klappt freilich nicht, wenn jemand sein Leben freud- und lustlos in eingefahrenen Routinen verbringt. Oder wenn sich die betreffende Person mit lauter unlösbaren Problemen herumschlägt. Wenn sie nicht versteht, was um sie herum geschieht, wenn sie nicht das Gefühl hat, all das, was sie bedrängt, auf irgendeine Weise klären oder abstellen zu können. Und wenn sie womöglich sogar das eigene Leben und alles, was sie tagtäglich macht, als sinnlos empfindet. Eine solche Lebensgestaltung ist unvereinbar mit den von Aaron Antonovsky in seinen Untersuchungen erkannten und als salutogenetische Grundregeln bezeichneten Voraussetzungen für ein gesundes Leben: Gesund bleiben und schnell wieder gesund werden – und damit auch ihr Wachstums- und Entwicklungspotential zur Entfaltung bringen – können Menschen nur dann, wenn sie in einer Welt leben, in der sie das Gefühl haben, aus sich

selbst heraus zu verstehen, was in ihrer jeweiligen Lebenswelt geschieht (Verstehbarkeit), in der sie das, was sie verstanden haben, auch umzusetzen und zu gestalten in der
Lage sind (Gestaltbarkeit) und in der ihnen das, was sie
verstanden haben und selbst gestalten, als sinnvoll erscheint
(Sinnhaftigkeit).

Günstigere Haltungen, innere Einstellungen und Überzeugungen ermöglichen

Jetzt beginnen Sie vielleicht zu ahnen, weshalb in unserer
heutigen, von ökonomischen Interessen, von Wettbewerb
und Leistungsdruck bestimmten, digitalisierten und globalisierten Welt so viele Menschen ihre Lebensfreude verlieren
und zunehmend kränker werden. Können Sie, wenn Sie die
allabendlichen Nachrichten verfolgen, noch verstehen, was
ihnen da alles vorgesetzt wird? Haben Sie das Gefühl, auch
nur ein einziges all der vielen Probleme, die unser Leben
auf diesem Planeten bedrohen, durch ihr eigenes Handeln
abstellen zu können? Wie sinnvoll ist all das, was Sie erleben
und was ihnen tagtäglich zugemutet wird? Wie lange können Sie das noch aushalten?

Die meisten Menschen wünschen sich, dass sich in
dieser krankmachenden Welt endlich etwas Grundsätz-
liches verändert, dass sie wieder menschlicher, lebendiger
und freudvoller wird, dass sie zuversichtlicher und sinn-

erfüllter leben können. Dass sich unser Zusammenleben beglückender und anregender, achtsamer und ehrlicher, umsichtiger und verantwortungsvoller gestalten lässt. Und nach wie vor sind fast alle Menschen der Überzeugung, dass das möglich ist, indem sich die Menschen verändern. Deshalb versuchen sie, all jene Vertreter unsere Spezies, die der Verwirklichung dieser Wünsche immer wieder im Wege stehen, durch geeignete Maßnahmen zu verändern: Es werden Belohnungen versprochen, Sanktionen angekündigt, Ratschläge erteilt, Bewertungen vorgenommen und Förderprogramme durchgeführt – aber nichts davon hatte bisher eine hinreichend nachhaltige Wirkung. Das Denken, Fühlen und Handeln der auf diese Weise zum Objekt all dieser wohlmeinenden Veränderungsbemühungen gemachten Personen hat sich dadurch nicht nachhaltig verändert. Vorübergehend machen sie das, was von ihnen verlangt oder erwartet wird, aber sobald der Druck nachlässt, fallen sie in ihr altes Verhalten zurück. Es wird Zeit einzusehen, dass es so nicht geht. Es ist nicht möglich, einen anderen Menschen zu verändern. Jeder Einzelne kann sich nur selbst verändern. Das gilt für die eigenen Eltern, für den Lebenspartner, für Lehrerinnen und Ausbilder, für Vorgesetzte und erst recht für politische Entscheidungsträger. Das ist eine bittere Erkenntnis, aber sie öffnet endlich den Blick für all das, was sich tatsächlich verändern lässt.

Dazu zählen die inneren Einstellungen und Haltungen, mit denen ein Mensch unterwegs ist und die sein Verhalten, auch das, was sie oder er denkt oder sagt, bestimmen. Sie sind als Lösungen für die schmerzhaften Erfahrungen entstanden, die diese Person auf der Suche nach Zugehörigkeit und Autonomie, also auf der Suche nach Verbundenheit und Freiheit gemacht hat. Wer hinreichend oft die Erfahrung machen musste, dass er von anderen zum Objekt von deren Absichten und Zielen, Belehrungen und Bewertungen, Maßnahmen und Anordnungen gemacht wurde, hat als Lösung für den damit einhergehenden Schmerz eine für ihn hilfreiche, entweder die eigenen Grundbedürfnisse unterdrückende oder aber eine die Ratschläge anderer ablehnende Haltung herausgebildet und in seinem Gehirn verankert. Beide Lösungen werden sich nicht verändern, eher noch weiter verhärten, wenn er nun erneut zum Objekt der Veränderungsversuche durch andere Personen gemacht wird. Hilfreich wäre es, wenn er oder sie eine neue, günstigere Erfahrung in der Beziehung zu anderen Personen machen könnte. Dann würde sich auch seine Haltung, zumindest gegenüber dieser betreffenden Person verändern. Das ist ein langer Weg und die Gefahr eines Rückfalls in die alten gebahnten Verhaltensmuster wächst mit jeder ungünstigen Erfahrung, die diese Person im Zusammenleben mit anderen macht. Aber anders geht es nicht.

Das Gleiche gilt für die im Hirn eines Menschen verankerten Vorstellungen und Überzeugungen davon, worauf es im Leben ankommt, und die darüber bestimmen, was sie oder er im eigenen Leben und im Zusammenleben mit anderen für wichtig und bedeutsam hält. Auch diese Vorstellungen hat die betreffende Person sich selbst ins eigene Hirn gebaut, weil sie hilfreich waren, um sich in der Welt einigermaßen zurechtzufinden, in die sie hineingewachsen ist. Durch andere, günstigere Vorstellungen und Überzeugungen lassen sie sich nur dann ersetzen, wenn diese aus ihrer Perspektive deutlich attraktiver sind als all das, was sie sich bisher vorgestellt und was sich für ihre Lebensgestaltung als nützlich erwiesen hatte. Mit ständigen Ermahnungen, mit wohlmeinenden Hinweisen, auch durch Druck oder Belohnungen geht das freilich nicht. Es müsste für die betreffende Person zu einem Bedürfnis werden, die Welt noch einmal mit anderen Augen zu betrachten.

Verwicklungen vermeiden

Es ist so wichtig zu verstehen und es kann daher nicht oft genug wiederholt werden, dass es im Gehirn eines Menschen, der sich gekränkt fühlt, weil er von anderen Mitgliedern seiner sozialen Gemeinschaft ausgegrenzt wird, zur Aktivierung der gleichen neuronalen Netzwerke kommt, die auch immer dann aktiviert werden, wenn sie oder er körperliche Schmerzen empfindet. Jeder, der im Elternhaus, in der Schule oder im Beruf diese traurige Erfahrung machen musste, dass er so, wie er ist, nicht »richtig« ist, muss diesen Schmerz also irgendwie unterdrücken. Gelungen ist das den meisten von uns heute Erwachsenen mehr oder weniger gut. Aber um welchen Preis? Die Unterdrückung dieses sozialen Schmerzes führt zwangsläufig dazu, dass auch alle durch körperliche Schmerzen ausgelösten Signale, die aus dem eigenen

Körper kommen, im Gehirn nicht mehr empfindlich genug wahrgenommen werden können. Das Ergebnis: Man spürt sich dann selbst nicht mehr richtig. Merkt nicht mehr, dass irgendetwas weh tut. Geht darüber hinweg und hält es aus, genauso wie den Schmerz über die soziale Ausgrenzung. Beides beruht ja auf der Erzeugung gleichartiger Signalmuster im eigenen Gehirn. Die Folge: Man reagiert nicht mehr auf Signale aus dem eigenen Körper, auf die man eigentlich – um gesund zu bleiben – reagieren müsste.

Ahnen Sie jetzt, weshalb so viele Menschen, die in gestörten Beziehungen leben, krank werden, Haltungsschäden bekommen, Übergewicht entwickeln, ihre Gesundheit durch krankmachende Lebensgewohnheiten ruinieren, ohne zu spüren, dass das ihrem Körper weh tut? Wie soll ihr Gehirn merken, dass etwas im Körper nicht stimmt und korrigierend darauf einwirken, wenn es davon gar nichts mehr mitbekommt? Eine Verbesserung unserer Beziehungskultur hätte daher weniger Erkrankungen und eine enorme Kostenersparnis im Gesundheitswesen zur Folge.

Aber die Wahrnehmung von aus dem Körper zum Gehirn weitergeleiteten Signalen ist nicht das Einzige, was Menschen im Lauf ihres Lebens, vor allem aber als kleine Kinder beim Hineinwachsen in die Gemeinschaft der Erwachsenen zu unterdrücken lernen. Am Anfang, solange ihr Grundbedürfnis nach Sicherheit und Geborgenheit hinreichend gestillt wird, erleben sich alle Kinder noch als lustvolle Entdecker und Gestalter ihrer jeweiligen und sich dabei ständig erweiternden Lebenswelt. Mit jeder neuen Lernerfahrung wird ihnen diese Welt vertrauter. Immer besser fühlen sie sich in dieser von ihnen ständig weiter erschlossenen, zunehmend von ihnen erkannten und selbst gestalteten Lebenswelt beheimatet. So wächst auch ihr Gefühl, in dieser Welt gehalten und geborgen zu sein. Mit diesem Zuhause verbunden fühlen sich Heranwachsende nicht deshalb, weil sie in einer bestimmten Familie, einem Ort, einem Lebensraum oder Kulturkreis einfach nur aufwachsen, sondern weil sie sich als aktive Entdecker und Gestalter dieser jeweiligen Welt erleben, weil sie dort etwas tun können, weil sie in dieser Welt ihre eigene Kompetenz und Bedeutsamkeit erfahren.

Sobald aber dieses Gefühl verletzt wird, wird auch ihre bis dahin entwickelte Vorstellung, in dieser Welt und bei diesen Personen beheimatet zu sein, in Frage gestellt. So verschiedenartig diese Verletzungen sein können, ihr gemeinsames Merkmal ist immer und überall gleich: Sobald ein Kind spürt, dass es zum Objekt der Erwartungen und Absichten, der Bewertungen und Belehrungen, der Maßnahmen und Anordnungen anderer Personen gemacht wird, zerreißt das Band der Verbundenheit und damit das Gefühl, bei diesen Personen und in deren Welt zu Hause zu sein. Leider müssen noch immer sehr viele Kinder die sehr beängstigende und schmerzhafte Erfahrung machen, nicht so gemocht, gesehen und angenommen zu werden, wie sie sind. Sie alle müssen eine Lösung finden, um die damit einhergehende Inkohärenz in ihrem Gehirn wieder kohärenter zu machen.

Da sie ihre Eltern, später auch ihre Erzieherinnen und Lehrer nicht verändern können, müssen sie versuchen, sich selbst so zu verändern, dass in ihrem Gehirn alles wieder besser zusammenpasst. So lernen sie, »störende« Bedürfnisse wie ihren Bewegungsdrang, ihre Entdeckerfreude oder ihre Gestaltungslust zu unterdrücken. Im Gehirn verfestigen sich dabei Netzwerke, die einen hemmenden Einfluss auf diejenigen Bereiche haben, in denen diese Bedürfnisse generiert werden. Je besser ihnen das gelingt, desto seltener meldet sich dann ein entsprechender innerer Impuls, der sie dazu bringt, ihrer Entdeckerfreude, ihrer Gestaltungslust oder ihrem Bewegungsdrang mit Begeisterung nachzugehen. Die dafür zuständigen »Motivationszentren« sind dann in ihrer Aktivität und ihrer Wirkung so gut unterdrückt, fast so, als wären sie eingewickelt. Deshalb will das betreffende Kind nun auch nichts mehr aus sich selbst heraus entdecken und gestalten, sondern wartet darauf, dass ihm jemand sagt und zeigt, was es entdecken und gestalten soll. Auf diese Weise und mit dieser ins eigene Hirn gebauten Verwicklung ihrer lebendigen Bedürfnisse passen sich diese Kinder an die Vorstellungen und Erwartungen der ihnen wichtigen Personen an. Oft funktionieren sie dann auch so, wie es von denen erwartet wird. Manchen Heranwachsenden gelingt die Unterdrückung ihrer eignen lebendigen Bedürfnisse so gut, dass sie ziemlich perfekt funktionieren und optimal in die jeweilige Gesellschaft hineinpassen, in die sie hineinwachsen. Nicht selten sind sie dort dann auch besonders erfolgreich. Aber so richtig gut geht es ihnen dennoch nicht. Sie haben ihre ursprüngliche Lebendigkeit verloren, ganz oben im Hirn passt nun zwar alles einigermaßen zusammen, doch weiter unten, in den für die Körperregulation und die Selbstheilung zuständigen Netzwerken herrscht eine permanent wirksame Inkohärenz.

Es wäre daher sehr gesundheitsfördernd, wenn es gelänge, Heranwachsende vor der Herausbildung derartigen Verwicklungen in ihrem Gehirn zu schützen. Es ist erstaunlich, wie schwer das den meisten Eltern, Erziehern und Lehrern fällt. Sie müssten ja nur versuchen, die ihnen anvertrauten Kinder so anzunehmen, wie sie sind, und aufhören, ihnen deutlich zu machen, dass sie erst dann richtig dazugehören und gemocht werden, wenn sie die Erwartungen dieser erwachsenen Bezugspersonen erfüllen. Die Heranwachsenden müssten also spüren, dass sie bedingungslos geliebt werden.

Entwicklung ermöglichen

Wenn Menschen keine andere Wahl haben, ihr Grundbedürfnis nach Zugehörigkeit und Verbundenheit dadurch zu stillen, dass sie sich an die Erwartungen anderer anpassen und dabei all jene Bereiche im Gehirn unterdrückt, gehemmt oder eingewickelt werden müssen, die mit ihren Aktivitäten diesen Anpassungsprozess behindern, ist es kein Wunder, dass sie dann auch nicht mehr so lustvoll, so lebendig und so neugierig und so kreativ bleiben, wie sie es alle als kleine Kinder einmal waren. Solange der Erfolg im Beruf anhält, erleben sie sich dabei dennoch als durchaus kohärent. Wenn das ständige Bestreben, die nächsten Stufen auf der Karriereleiter zu erklimmen, aber dazu führt, dass die Partnerschaft zerbricht, das Band zu den gemeinsamen Kindern zerreißt oder der eigene Körper im Burn-out-Zustand den Dienst versagt, erwacht bei vielen die Angst. Gern würden sie nun ihr Leben verändern, aber sie wissen nicht, wie das gehen soll.

Es ist ein großes Glück, dass die Neurobiologen inzwischen herausgefunden haben, dass unser menschliches Gehirn zeitlebens in der Lage ist, sich selbst umzubauen. Deshalb können sich Menschen verändern, sogar sehr grundlegend, aber nur dann, wenn sie es selbst wollen. Und wer sein bisheriges Verhalten ändern will, wird das nur dann tun, wenn das, was ihn anschließend erwartet, seiner inneren Natur besser entspricht als das, was er bisher gemacht hat. Wenn er sich dadurch wieder lebendiger und glücklicher fühlt, als das bisher der Fall war. Wie aber findet jemand zu dem zurück, was seiner Natur besser entspricht, so dass er sich endlich »in seinem Element« erlebt? Wie kommt so jemand wieder mit all den lebendigen Anteilen und Bedürfnissen in Kontakt, die sie oder er bisher so tapfer unterdrückt hatte, um optimal zu funktionieren und möglichst erfolgreich zu sein? Das ist nicht möglich, solange eine Person mit den von ihr eingesetzten Verhaltensweisen und den ihnen zugrunde liegenden inneren Einstellungen und Haltungen noch recht erfolgreich unterwegs ist. Um wieder mit sich selbst in Kontakt zu kommen, müssen diese Muster erschüttert, destabilisiert, also in einen inkohärenten Zustand gebracht werden. Erst dann besteht die Chance, dass sich die das eigene Denken, Fühlen und Handeln bestimmenden Muster umorganisieren.

Moshé Feldenkrais hat das bereits in den 1950er-Jahren für das Wiederfinden natürlicher Bewegungsmuster beschrieben. Der Wirtschaftswissenschaftler Otto Scharmer nennt es in seiner U-Theorie »Presencing«. Und in der Biologie heißt dieses Grundprinzip jeden Neuanfangs und des damit wieder möglich werdenden Entfaltungsprozesses »Entdifferenzierung«. Eine Leberzelle lässt sich weder durch Drücken noch durch Ziehen in eine Lungenzelle verwandeln. Aber inzwischen verfügen die Molekularbiologen über Verfahren, die sie einsetzen, um eine solche Leberzelle – ebenso wie auch andere ausdifferenzierte Körperzellen – dazu zu bringen, sich durch Entdifferenzierung in eine pluripotente, also eine viele Entwicklungsmöglichkeiten in sich tragende Stammzelle zu verwandeln. Ihr Zustand gleicht dann wieder dem, in dem sie sich schon einmal während der Embryonalentwicklung befunden hatte, bevor sie zu so einer hochdifferenzierten und spezialisierten Körperzelle wurde. Und diese pluripotente Stammzelle kann anschließend, wenn ihr dafür geeignete Bedingungen geboten werden, indem sie dann einfach »ihrer Natur folgt«, wieder zu einer hochdifferenzierten Zelle, beispielsweise zu einer Lungenzelle, ausreifen.

Was aber wäre das geeignete »Entdifferenzierungsverfahren« für Menschen, um in ihnen den Wunsch zu wecken, sich und ihr bisheriges Leben grundsätzlich zu verändern? Sie müssten Gelegenheit bekommen, wieder mit ihren ursprünglich einmal ausgeprägten, dann aber zunehmend von ihnen und in sich selbst unterdrückten, abgespaltenen und verdrängten Anteilen und Bedürfnissen in Berührung zu kommen. Mit ihrer angeborenen Entdeckerfreude, zum Beispiel. Oder mit ihrer Gestaltungslust, mit ihrer Sinnlichkeit, ihrer Offenheit und ihrem Einfühlungsvermögen, auch mit ihrem Bedürfnis, sich um etwas zu kümmern und Verantwortung für etwas zu übernehmen. Was dann mit ihnen und in ihnen geschieht, wie sie fortan unterwegs sind, was sie künftig tun und vor allem lassen, ist allerdings etwas ganz anderes als das, was wir so leichthin »Veränderung« nennen. Das ist eine Verwandlung. Verändern können wir Bauwerke und Maschinen, aber nichts, was lebendig ist. Denn alles, was lebt, kann sich nur selbst verändern, und auch nur, indem es sich verwandelt.

Krisen, also schwere Erschütterungen des bisherigen Lebensentwurfs und die Erkenntnis, dass es nicht mehr so weitergehen kann wie bisher, bieten die Chance zu einer derartigen heilsamen Verwandlung. Es ist ja das Wesen einer wirklichen Krise, dass es dadurch zu einer tiefgreifenden Destabilisierung der bisher im Gehirn und im Zusammenleben mit anderen herausgebildeten Beziehungsmuster kommt. Aber solche massiven Destabilisierungsprozesse sind gefährlich. Wenn sie nicht durch eine geeignete Lösung angehalten werden können, führen sie in den Untergang. Manchmal findet der Körper aus sich heraus eine Lösung, um das zu verhindern. Vielleicht heißt sie Herzinfarkt, vielleicht Schlaganfall, vielleicht ist es aber auch eine andere körperliche Erkrankung, die das krankmachende Verhalten einer Person nicht länger fortführbar macht und ihr dadurch zunächst das nackte Überleben sichert. Möglicherweise findet auch das Gehirn eine Notlösung, um den eingetretenen, völlig inkohärent gewordenen Zustand erst einmal wieder etwas kohärenter zu machen. Dann landet man mit einer Depression, einer Psychose oder einer anderen psychischen Störung in einer psychiatrischen Klinik. Diese Notfallmaßnahmen des Körpers und des Gehirns sind drastisch und folgenschwer. Deshalb ist es keine gute Idee, eine heilsame Veränderung durch eine Krise auslösen zu wollen. Theoretisch ist dies zwar möglich, und wir lieben diese Geschichten von Menschen, die sich nach einer schweren Krise wie Phönix aus der Asche völlig verwandelt wieder aufgerappelt haben. Aber praktisch gelingt das nur sehr wenigen.

Glücklicherweise gibt es auch tiefe innere Erschütterungen, die nicht durch eine schwere Lebenskrise ausgelöst werden, sondern durch ein Erlebnis, das wegweisend für die weitere Lebensgestaltung eines Menschen wird. Es sind diese besonderen Momente, in denen ein Mensch wieder in Berührung mit seinen oft über Jahre oder gar Jahrzehnte hinweg unterdrückten und im eigenen Hirn so sorgfältig eingewickelten, durch hemmende Nervenverbindungen unter Kontrolle gehaltenen lebendigen Bedürfnissen kommt. Diese berührenden Erlebnisse lassen sich weder planen noch bewusst herbeiführen. Sie ereignen sich einfach irgendwann, manchmal bei einem Kinobesuch, manchmal im Theater oder beim Lesen eines Buches, oft draußen in der Natur und am häufigsten in einer berührenden Begegnung mit einem anderen Menschen. Das sind Sternstunden im Leben eines Menschen. Plötzlich sind all die schon lange nicht mehr erlebten und fast schon verloren geglaubt glücklichen Empfindungen aus der frühen Kindheit wieder da.

Personen, die diese Erfahrung machen, sind oft überwältigt von dieser in ihnen noch immer vorhandenen und nun wieder spürbar gewordenen Lebendigkeit. Von dieser unglaublich beglückenden Entdeckerfreude und Gestaltungslust, von diesem unzerstörbaren Gefühl von Verbundenheit mit dem eigenen Körper, von dieser in ihnen wieder erwachenden Sinnlichkeit und der damit einhergehenden übersprühenden Lebensfreude. Alles ist nun auf einmal wieder wahrnehmbar, manchmal so eindringlich, dass die Tränen vor Rührung fließen. Ja, das ist es, dieses eigene ungelebte Leben und das, was die Psychologen als das innere Kind bezeichnen, mit dem man dann wieder in Kontakt kommt. Manche Menschen berührt dieses Erleben so tief, dass sie nicht mehr bereit sind, anschließend wieder in ihre alten Muster zurückzukehren. Zu attraktiv erleben sie das, was jetzt wieder in Ihnen wachgeworden ist. Sie können und wollen dann nicht mehr länger so weitermachen wie bisher. Sie freuen sich auf die ihnen nun möglich gewordene innere Verwandlung. Und sie lassen sich dann auch darauf ein, koste es, was es wolle. So wie Saulus in der Bibelgeschichte, der genau so eine tiefe innere Berührung in der Wüste erlebt hatte und danach als ein völlig anderer, als Paulus, in die Welt zurückkehrte. Solche tiefen inneren Berührungen zählen zu den heilsamsten Erfahrungen, die einem Menschen durch glückliche Umstände geschenkt werden können. Aber sie sind eben leider sehr selten.

Deshalb ist es ein großes Glück, dass es auch noch einen anderen, sofort umsetzbaren und ebenso nachhaltig wirksamen Weg zu einer heilsamen Verwandlung gibt. Erstaunlicherweise wird dieser, im Grunde genommen sehr naheliegende Weg nur von wenigen Menschen gefunden. Und wer ihn zu gehen begonnen hat, scheint kein besonderes Bedürfnis zu verspüren, anderen zu zeigen, wo er entlangführt und wie gut es sich anfühlt, ihn zu beschreiten. Ganz allgemein ausgedrückt geht es auf diesem Weg darum, sich wieder als Gestalter seines eigenen Lebens zu spüren, aus den jeweiligen Objektrollen, die sie oder er bisher so tapfer übernommen hatte, in die eigene Subjekthaftigkeit zurückzukehren. Es geht darum, sich nicht mehr länger von anderen bevormunden, bewerten oder sonst wie benutzen zu lassen und auch selbst andere Menschen nicht mehr zum Objekt seiner eigenen Absichten, Belehrungen, Bewertungen oder gar Maßnahmen zu machen. Im Grunde geht es also darum, seine eigene Würde zu bewahren. Wer das schafft, ist fortan auch nicht mehr verführbar. Solche Personen verfügen über einen eigenen inneren Kompass, der ihrem Denken, Fühlen und Handeln eine kohärenzstiftende Richtung verleiht. Das ist sehr gesundheitsfördernd. Aber man muss es nicht so kompliziert machen. Es würde völlig ausreichen und genau das Gleiche bewirken, wenn ein Mensch, egal wie alt er ist und wie oft und wie sehr sie oder er sich im Leben schon verrannt hat, auf die Idee käme, einfach ab jetzt etwas liebevoller mit sich selbst umzugehen. Wer das macht, beginnt sich von ganz allein zu verwandeln.

Einfach nichts mehr zu tun, was ihm selbst nicht guttut, ist das Geheimnis jedes glücklichen und gesunden
Menschen.

7. WIE REAGIEREN UNSER GEHIRN UND UNSER KÖRPER AUF LIEBLOSIGKEIT?

Es gibt Menschen, die offenbar Gefallen daran finden, lieblos mit anderen umzugehen. Jedenfalls erwecken sie bei denen, die sie so behandeln, diesen Eindruck. Oft handelt es sich um Personen, die in eine gewisse Machtposition gelangt sind. Als Führungskräfte in der Wirtschaft, als Ausbilder im Betrieb oder im Militär, leider bisweilen auch als Lehrer und Erzieher, sogar als Ehepartner und Eltern machen sie ihren »Untergebenen« unmissverständlich deutlich, wo es ihrer Meinung nach entlangzugehen hat. In ihrer Lieblosigkeit schwerer zu durchschauen sind all jene Personen, die ebenfalls Macht über andere erlangt haben, aber diese Macht dem Umstand verdanken, dass sie von diesen bewundert und vergöttert werden. Dazu gehören geschickte Demagogen, oft auch die Anführer von Sekten oder sonstigen sonderbaren Gruppierungen, aber auch alle übrigen Verführer, die ihre Mitmenschen von sich als scheinbare Lichtgestalten abhängig machen.

Beide, die rücksichtslosen Unterdrücker wie auch die geschickten Verführer, verhalten sich lieblos. Aber das macht ihnen nichts aus. Oft bemerken sie es noch nicht einmal. Die Frage, ob sie in der jeweiligen Rolle, die sie erlangt haben und die sie nun spielen, zumindest sich selbst gegenüber liebevoll sind, können sie nicht beantworten. Ratlos stehen sie dann da, mit offenem Mund, denn diese Frage haben sie sich selbst bisher meist noch nie gestellt. Und in den Bewerbungsfragebögen für Führungspositionen ist sie auch nie aufgetaucht.

Die verdeckte und manipulative Lieblosigkeit, mit der Verführer ihre Opfer ködern, ist viel schwerer zu durchschauen als die von machtbeflissenen Herrschern eingesetzte brachiale und teils gewalttätige Strategie der Unterdrückung. Jemand, der einem Verführer mit Begeisterung und der Bereitschaft zur eigenen Unterwerfung nachläuft, bemerkt ja gar nicht, dass er selbst ein Verführter ist. Wer versucht, einer solchen, von ihrem Verführer abhängig gewordenen Person zu erklären, dass sie von ihrem Idol lieblos behandelt wird, stößt deshalb auf völliges Unverständnis. Alle Verführten sind fest davon überzeugt, dass es ihre Verführer gut mit ihnen meinen. Und tatsächlich haben Verführer nichts besser gelernt, als mit ihren Opfern auf eine Weise umzugehen, die diese für ganz besonders liebevoll halten. Genau darin besteht ja ihre Verführungskunst. Und wenn in dieser Weise Verführte gefragt werden, ob sie denn nun auch liebevoller mit sich selbst umgehen, kann es sogar sein, dass sie »ja« antworten, weil sie selbst davon überzeugt sind.

Was es bedeutet, lieblos von anderen behandelt zu werden

Wer lieblos von anderen behandelt wird und das im Gegensatz zu einem Verführten auch bewusst wahrnimmt, kann recht gut beschreiben, was dann in ihr oder ihm vorgeht. Diese Erfahrung haben wir alle schon irgendwann im Leben machen müssen und sie war umso schmerzvoller, je wichtiger uns diese andere Person war, je stärker wir uns mit ihr verbunden fühlten und geglaubt hatten, uns fest auf ihre Zuneigung verlassen zu können. Je unvorstellbarer es mir bisher schien, dass eine von mir geliebte Person lieblos zu mir sein könnte, desto größer ist der Schmerz, wenn dieses für unmöglich Gehaltene nun doch eingetroffen ist. Das Geschehene passt in keiner Weise zu meiner Erwartungshaltung, deshalb kommt es zu einer sich im Frontalhirn in tiefer liegende Hirnbereiche ausbreitenden Inkohärenz. Die wird noch verstärkt, weil auch mein Grundbedürfnis nach Verbundenheit zutiefst verletzt worden ist. Deshalb ist es kein Wunder, dass nun zusätzlich all jene Bereiche in meinem Gehirn von diesem Durcheinander mit erfasst werden, die für die Regulation der in meinem Körper ablaufenden Prozesse zuständig sind. Nun spüre ich diese Inkohärenz im ganzen Körper. Das Herz rast, die Knie werden weich, mir stockt der Atem und alles verkrampft sich. Angreifen kann ich nicht, weil ich diese Person ja mag, fliehen auch nicht, weil ich sie dann ganz verliere, und so gerate ich in einen Zustand ohnmächtiger Erstarrung. Ein Gefühl totaler Hilflosigkeit macht sich breit. Die Balance zwischen dem sympathischen und dem parasympathischen System kommt völlig durcheinander. Besonders intensiv spürbar wird das in Form der damit einhergehenden Funktionsstörungen des Herzens. Wenn ich jetzt nicht möglichst schnell eine Lösung finde, wird es am stärksten darunter leiden. Deshalb sprechen wir ja auch davon, dass das Erleben von Lieblosigkeit durch eine geliebte Person einem »das Herz bricht«. Und deshalb suchen inzwischen umsichtige Kardiologen nicht nur nach einem Gefäßverschluss oder anderen organischen Störungen im Herzen, sondern schicken solche Patienten immer häufiger zu einer Paartherapie.

Nicht ganz so dramatisch und folgenschwer für das kardiovaskuläre System ist es, wenn ich von meinem Vorgesetzten oder einer anderen Person, deren Anerkennung und Wertschätzung mir wichtig sind, lieblos behandelt werde. Auch das ist zwar umso schlimmer, je weniger ich ein solches Verhalten von ihr oder ihm erwartet hätte, aber es verletzt nicht so sehr mein Bedürfnis nach persönlicher Verbundenheit, sondern eher das nach Anerkennung, die ich als Wertschätzung meiner Tätigkeit, meines Fleißes und meines Einsatzes zu finden gehofft hatte. Auch das tut weh, auch das bringt in meinem Gehirn viel durcheinander, auch das spüre ich dann im ganzen Körper. Wenn ich keine Lösung finde, um diese Inkohärenz wieder etwas kohärenter zu machen, wird es in meinem Körper zu entsprechenden Anpassungen kommen. Mein Arzt wird diese dann als Funktionsstörung irgendeines Organs diagnostizieren, aber kaum auf die Idee kommen, die Lieblosigkeit meines Chefs hätte mich krank gemacht.

Bei manchen Menschen ist ihr Grundbedürfnis nach Verbundenheit und Autonomie so stark, dass sie sich auch dann zutiefst verletzt fühlen, wenn nicht ihr Lebenspartner oder ihr Chef, sondern ihr Nachbar oder eine Verkäuferin oder ihr Friseur oder ihr Arzt sie lieblos behandelt. Solche Personen haben es schwer in einer Welt, in der so viele vor allem an ihr eigenes Wohlergehen und ihre persönlichen Vorteile denken und andere bedenkenlos zu Objekten ihrer Erwartungen und Absichten, ihrer Belehrungen und Bewertungen, ihrer Maßnahmen und Anordnungen machen. Wenn ich überall diese Lieblosigkeit im Umgang miteinander spüre und zutiefst in meinem Inneren doch erwarte oder zumindest hoffe, anderen Menschen zu begegnen, die liebevoller miteinander und auch mit mir umgehen, entsteht in meinem Gehirn jedes Mal, wenn ich wieder so eine Erfahrung von Lieblosigkeit machen muss, eine sich ausbreitende Inkohärenz. Auch das macht über kurz oder lang krank.

Sehr viele Menschen haben oft schon als Kinder und Jugendliche immer wieder die Erfahrung gemacht, lieblos von anderen behandelt zu werden. Kein Wunder, dass sie aufgrund all dieser Verletzungen sehr wachsam geworden sind und bisweilen sogar extrem aufmerksam auf alles achten, was darauf hindeutet, dass sich jemand ihnen gegenüber lieblos verhält. Auch solche Menschen haben ein Problem. Die hoch sensitive Ausrichtung ihrer Wahrnehmung auf alle nur vorstellbaren Lieblosigkeiten, auf jede in ihren Augen lieblos erscheinende Äußerung oder Verhaltensweise anderer Personen raubt ihnen oft nicht nur sprichwörtlich, sondern auch im wahrsten Sinne den Schlaf. Immer, wenn es in ihrer Vorstellung so erscheint, als behandle sie jemand herablassend, kritisch bewertend, besserwissend oder auf andere Weise lieblos, entsteht in ihrem Gehirn die gleiche sich ausbreitende Inkohärenz wie bei jemandem, der tatsächlich lieblos behandelt wird. Auch solche überempfindlich gewordenen Personen werden krank, wenn es ihnen nicht gelingt, eine langfristig wirksame kohärenzstiftende Lösung für ihr oft schon sehr früh entstandenes Problem der lieblosen Behandlung durch andere zu finden.

Woran diejenigen leiden, die es in Kauf nehmen, lieblos mit anderen umzugehen

In einer Welt, in der die meisten Menschen davon überzeugt sind, dass es völlig in Ordnung ist, wenn sich jeder mit seinen Absichten und Zielen über andere hinweg- und gegenüber anderen durchsetzt, ist liebloses Verhalten allgegenwärtig.

Ob zu Hause in den Familien oder draußen in den Schulen, an den Universitäten, im Berufsleben – überall, wo Menschen zusammen leben, lernen und arbeiten oder ihre Freizeit verbringen, gibt es immer wieder Einzelne, die andere Mitglieder dieser Gemeinschaften zu Objekten ihrer eigenen Absichten, ihrer Belehrungen, ihrer Bewertungen oder ihrer Anordnungen machen. Es ist lieblos, einen ande-

ren Menschen – wie auch generell ein anderes Lebewesen – wie ein Objekt zu behandeln, und es ist verletzend, so
behandelt zu werden.

Auf die berechtigte Frage, weshalb sich diese Personen so verhalten, gibt es eine sehr banale Antwort: Es ist
ihnen nicht wichtig, wie es diesen anderen geht. Sie sind
ihnen gleichgültig. Sie haben das Bedürfnis, mit ihnen verbunden zu sein, so wirksam und nachhaltig zu unterdrücken gelernt, dass sie es oft schon seit Jahren nicht mehr
spüren. Freilich sind diese Personen nicht schon so zur Welt
gekommen. Sie alle waren einmal Kinder, die sich über all
das freuten, was sie gemeinsam mit anderen erleben durf-
ten, die das Zusammenleben mit anderen als etwas Berei-
cherndes und Beglückendes empfunden haben – zumindest
am Anfang, als sie noch dabei waren, ihre eigenen Fähigkeiten schrittweise selbst zu entdecken und spielerisch auszuprobieren. Damals war es ihnen zwar nicht bewusst, aber
sie haben es tagtäglich gespürt, wie eng sie mit ihren jeweiligen Bezugspersonen verbunden waren, und damals haben
sie auch alles, was sie heute noch wissen und können, von
diesen anderen Personen übernommen. Ohne sie hätten sie
weder Laufen noch Sprechen gelernt oder all das, was man
als kleines Kind ganz von allein lernt, wenn da jemand ist,
der einem zeigt und vormacht, wie es geht.

Selbstverständlich waren diese Kinder damals auch
bereit, alles dafür zu tun, damit die Verbundenheit mit
diesen wichtigen Bezugspersonen erhalten bleibt. Es sind
genau die Kinder, die uns in den vorangegangenen Kapi-
teln bereits begegnet sind, als es um krankmachende An-

passungsleitungen ging. Spätestens als sie drei oder vier Jahre alt waren, mussten die meisten von ihnen erleben, dass die von ihnen geliebten Personen sie zu Objekten ihrer Erwartungen und Absichten, ihrer Belehrungen und Bewertungen, ihrer wie auch immer ausgerichteten Erziehungsmaßnahmen machten. Die mit dieser schmerzvollen Erfahrung in ihrem Gehirn einhergehende Inkohärenz mussten sie auf irgendeine Weise überwinden. Und die für sie damals naheliegendste Lösung bestand darin, genau das, was sich immer wieder so schmerzvoll in ihnen meldete – ihr angeborenes Bedürfnis nach Verbundenheit, nach Nähe und Geborgenheit –, möglichst wirksam und nachhaltig zu unterdrücken.

Anfangs war das noch sehr schwierig, aber dann schafften sie es zunehmend besser. Das verdankten sie dem Umstand, dass sich hemmende neuronale Vernetzungen herausbildeten, die sich über diejenigen Bereiche in ihrem Gehirn legten, die dieses Bedürfnis nach Verbundenheit erzeugten. Manchen ist das besser gelungen, manchen nicht so gut, aber es war damals die einzige Lösung, die sie fanden, um den inkohärenten Zustand in ihrem Gehirn wieder etwas kohärenter zu machen.

Eine andere Lösung gab es für diese Kinder nicht, denn die Vorstellungen ihrer Eltern, worauf es im Leben ankommt und wie sie ihr Kind erziehen wollten, konnten sie nicht verändern. Sie erlebten sich nicht als geliebt, so wie sie waren, sondern hatten das Gefühl, so denken, fühlen und handeln zu müssen, wie das ihre Eltern sich wünschten oder von ihnen verlangten. Und da sie ja am eigenen Leib erlebten, wie man einen anderen dazu bringen kann, das zu tun, was von ihm verlangt oder erwartet wird, lag es nahe, das nun auch selbst im Umgang mit Spielkameraden, Geschwistern und sogar mit den eigenen Eltern auszuprobieren. Manche waren dabei besonders geschickt und bemerkten recht schnell, wie gut das funktionierte. Je erfolgreicher sie diese Strategie umsetzen konnten, desto stärker verfestigte sich die Vorstellung in ihrem Gehirn, dass es gut ist, sich nicht allzu verbunden mit anderen zu fühlen, wenn man diese zur Durchsetzung seiner eigenen Interessen benutzen will.

Andere Menschen lieblos zu behandeln, ist also das traurige Ergebnis der Versuche all jener Heranwachsenden, eine Lösung für die Lieblosigkeit zu finden, die sie selbst so sehr verletzt hat und der sie so hilflos ausgeliefert waren. Ob sie nun die Strategie verfolgten, Druck auf andere auszuüben, um diese dazu zu bringen, sich so zu verhalten, wie sie das wollten, oder ob sie es durch mehr oder weniger geschickte Verführungsstrategien versuchten, hing davon ab, was besser klappte, womit sie also erfolgreicher vorankamen.

Jetzt, auf der Grundlage dieses besseren Verständnisses liebloser Verhaltensweisen von Erwachsenen, die vor allem unter Personen in Macht- oder Führungspositionen noch immer weit verbreitet sind, lässt sich auch ableiten, woran diese Unterdrücker und Verführer tief in ihrem Inneren leiden: Sie konnten nie in ihrem Leben die Erfahrung machen, so wie sie waren, also bedingungslos angenommen und geliebt zu werden. Sie mussten sich von klein auf anstrengen, so zu werden, wie es diejenigen erwarteten, die ihnen wichtig, von denen sie abhängig waren. Sie konnten ihr Leben nie frei gestalten, sondern wurden schon als Kinder und Jugendliche Getriebene. Und sie sind noch als Erwachsene – so erfolgreich sie sich auch durchs Leben schlagen – Bedürftige geblieben. Angewiesen auf den Erfolg, auf den Beifall und die Anerkennung anderer. Darum kämpfen sie heute noch. Und wenn die Bühne, auf der sie ihre Erfolge erzielt und die so sehnsüchtig gesuchte Anerkennung gefunden haben, zu wanken beginnt oder gar in sich zusammenfällt, sind sie verloren. Tief in ihrem Inneren spüren sie diese Gefahr die ganze Zeit vorher schon, und diese für sie unauflösbare Inkohärenz macht auch sie irgendwann krank.

Welche Folgen es hat, lieblos zu sich selbst zu sein

Die Wurzeln der Lieblosigkeit, mit der alle erfolgreichen Unterdrücker und Verführer mit sich selbst umgehen, sind dort vergraben, wo sie gelernt haben, ihr eigenes Grundbedürfnis nach Verbundenheit, nach menschlicher Nähe und Geborgenheit zu unterdrücken. Das war nicht ihre Schuld. Sie waren noch Kinder, als es geschah, und konnten nicht durchschauen, wie sehr sie von denen, die sie damals so sehr geliebt hatten, zum Objekt von Erwartungen, Belehrungen, Bewertungen und Maßnahmen gemacht wurden. Die

Unterdrückung ihres Bedürfnisses, von ihren Eltern, Erziehern und Lehrern angenommen zu werden und dazugehören zu dürfen, war die einzige damals von ihnen gefundene Lösung, um die sich in ihrem Gehirn ausbreitende Inkohärenz wieder etwas kohärenter zu machen.

Sehr viele der heute Erwachsenen hatten als Kinder und Jugendliche das gleiche Problem. Aber nicht alle sind erfolgreiche Unterdrücker oder Verführer geworden. Das haben nur diejenigen geschafft, die besonders gut gelernt hatten, sich als Einzelkämpfer auf Kosten anderer durchzusetzen. Geholfen hat ihnen dabei die dafür erlangte Bewunderung und Anerkennung durch andere. Vielleicht hatten sie aber auch besonders lieblose Vorbilder oder viel Startkapital, das es ihnen erlaubte, ihre eigenen Vorstellungen erfolgreich umzusetzen. Oder sie waren aus anderen Gründen auf niemandes Unterstützung angewiesen. Alle anderen, die in diesem Wettrennen um die vordersten Plätze gescheitert sind, die weder Macht noch Einfluss gewonnen haben, sind nicht zu erfolgreichen Unterdrückern und Verführern geworden, sondern in den meisten Fällen nur zu unfreundlichen und lieblosen Zeitgenossen Sie sind deshalb in doppelter Hinsicht Bedürftige geblieben, bedürftig nach dem Verbundensein mit anderen und bedürftig nach eigenen Gestaltungsmöglichkeiten. Den damit in ihrem Gehirn einhergehenden inkohärenten Zustand konnten viele von ihnen nur versuchen, wieder etwas kohärenter zu machen, indem sie lernten, sich als Klugscheißer, Besserwisser und Alleskönner aufzuspielen, andere herumzukommandieren, abzuwerten, auszugrenzen, zu verleumden und zu beleidigen oder – wie es heute heißt – andere zu mobben und zu dissen. All das bringt nur jemand zustande, dem es tief in seinem Inneren überhaupt nicht gut geht, der sich verletzt, alleingelassen und wertlos fühlt. Solche Personen mögen die sie umgebenden anderen Menschen nicht mehr, sie fühlen sich nicht mehr mit ihnen verbunden. Weil sie als Heranwachsende ihr Bedürfnis nach Zugehörigkeit und Geborgenheit unterdrücken mussten, sind sie später im Leben meist sehr einsam geworden.

Sich über die eigenen Grundbedürfnisse hinwegzusetzen, erfordert sehr viel Kraft. Um sich dafür zu stärken, verbinden diese Menschen sich gern mit anderen, aber nicht weil sie diese mögen, sondern weil ihre eigene Unzufriedenheit leichter zu ertragen ist, wenn sie in einer Gruppe Gleichgesinnter gemeinsam über andere schimpfen, meckern und klagen oder, noch schlimmer, sich zu Gewalttaten verabreden können. Solchen Personen geht es sehr viel schlechter als denen, die zwar ebenfalls gezwungen waren, ihr Grundbedürfnis nach Verbundenheit zu unterdrücken, die aber dadurch sehr erfolgreiche Unterdrücker oder Verführer geworden sind mit messbarem Ergebnis, Status und Gewinn. Letztere haben ja das Gefühl, alles richtig gemacht zu haben. Deshalb mögen sie sich dann selbst bisweilen so sehr, dass es »zum Himmel stinkt«. Manche kümmern sich dabei aber noch recht besorgt um sich selbst, treiben Sport, ernähren sich gesund, pflegen ihren Körper, damit sie möglichst lange gesund bleiben.

Aber die anderen, denen weder Erfolg noch Anerkennung vergönnt war, die kaum etwas selbst gestalten konnten, die immer nur gehorchen oder anderen folgen mussten und die sich deshalb als Versager zu betrachten gelernt hatten, mögen sich dann meist selbst nicht mehr. Deshalb bemerken sie auch nicht, wie lieblos sie mit sich selbst umgehen. Sie essen, trinken und rauchen – ohne zu spüren, dass ihrem Körper das nicht gut bekommt. Sie sitzen den ganzen Tag an der Arbeit, im Auto und zu Hause herum und bemerken gar nicht, dass ihnen der Rücken weh tut. Sie haben Schmerzen und fühlen sich krank, gehen aber nicht zum Arzt. Und wenn sie dann endlich so krank geworden sind, dass sie nicht mehr so weitermachen können wie bisher, suchen sie nach jemandem, der sie möglichst schnell wieder gesund macht und ihre verschlissenen Körperteile repariert oder austauscht.

8. WIE LANGE LÄSST SICH EINE LIEBEVOLLE BEZIEHUNG ZU SICH SELBST UNTERDRÜCKEN?

Freilich kann jeder Mensch, der gelernt hat, seine lebendigen Bedürfnisse zu unterdrücken, einfach so weitermachen wie bisher und auf die eine oder andere Weise lieblos mit sich selbst umgehen. Allerdings muss es die betreffende Person dann in Kauf nehmen, wenn ihr Leben sich dem Daseinszustand einer mehr oder weniger gut funktionierenden Maschine immer stärker annähert. Auch Kühlschränke, Waschmaschinen und nicht zuletzt Autos halten ja so einiges aus. Wenn diese Geräte mit sogenannter »künstlicher Intelligenz« in Form lernfähiger Softwareprogramme ausgestattet sind, können sie sich melden – und sogar mit der Zeit immer besser lernen, ihre Benutzer darauf hinzuweisen –, wenn sie nicht richtig bedient werden. Und wer sich selbst für eine optimal zu funktionierende Maschine hält, kann sich inzwischen solche »intelligent Devices« auch um den Bauch oder den Arm binden. Die messen dann alle gesundheitsrelevanten Körperfunktionen und schlagen Alarm, wenn der Blutdruck zu sehr steigt oder fällt, das Herz stolpert, die Atmung, der Schlaf oder sonst etwas im Körper nicht stimmt. Das ist ein profitabler Markt und selbstverständlich träumen die KI-Experten schon davon, künftig auch den Inhalt eines menschlichen Gehirns downloaden und umprogrammieren zu können, falls dort oben etwas nicht so recht stimmen sollte.

Unlängst sind die KI-Entwickler allerdings auf einen Umstand aufmerksam geworden, der ihren hochfliegenden Erwartungen eine unüberwindbare Grenze setzt. Sie haben bemerkt, dass ihren lernfähigen Robotern und Automaten etwas fehlt, was diese unbedingt brauchen, um einem Menschen immer ähnlicher zu werden, um ihn – als suboptimale Konstruktion – womöglich ganz zu ersetzen: Digital gesteuerte Geräte haben keine Bedürfnisse. Deshalb können sie auch keine Vorstellungen davon herausbilden, wie sich ein Bedürfnis stillen lässt, geschweige denn, den Willen aufbringen, diese dann auch zu verwirklichen. Unfreiwillig mussten die KI-Entwickler auf diese Weise erkennen, dass es die Fähigkeit ist, Bedürfnisse herauszubilden und wahrzunehmen, was alles Lebendige von allen Maschinen so grundlegend unterscheidet.

Und daraus lässt sich nun auch ableiten, welche Voraussetzung ein Mensch erfüllen müsste, um in der Lage zu sein, sich selbst mit einem optimal programmierten und perfekt funktionierenden Automaten zu verwechseln: Eine solche Person müsste möglichst gut gelernt haben, ihre lebendigen Bedürfnisse zu unterdrücken: das nach Verbundenheit und menschlicher Nähe, das nach Selbstbestimmung und Autonomie, das nach Bewegung, Schlaf oder Sex. Seinem Körper das vorzuenthalten, was er braucht, ist lieblos.

Die Unterdrückung körperlicher Bedürfnisse

Normalerweise ist es gar nicht möglich, ein Bedürfnis zu unterdrücken, mit dem der Körper signalisiert, dass ihm etwas für die Aufrechterhaltung seiner Funktion dringend Erforderliches fehlt. Deshalb trinken wir, wenn wir Durst haben, und suchen nach etwas Essbarem, wenn uns der Hunger quält. Wir gehen schlafen, wenn wir müde sind, und bewegen uns, wenn wir zu lange herumgesessen haben. Wenn uns Schmerzen plagen, versuchen wir herauszufinden, woran das liegt, und stellen die dabei gefundene Ursache möglichst schnell ab. Wenn wir uns zu lange in einem stickigen Raum aufgehalten haben, wollen wir an die frische Luft, wenn es zu laut ist, halten wir uns die Ohren zu, und wenn es irgendwo unangenehm riecht, verlassen wir schleunigst diesen Ort. Und natürlich hören wir normalerweise auch auf zu essen, wenn wir satt sind.

Wenn wir all das nicht so machten, wie es unser Körper braucht und es uns als körperliches Bedürfnis signalisiert, würden wir irgendwann krank und – wenn wir auch weiterhin nicht bereit wären, diese Bedürfnisse zu stillen – immer kränker, bis uns schließlich der Tod ereilt.

So unsensibel und lieblos kann doch niemand zu sich selbst sein, werden Sie denken. Aber Sie irren sich. Wahrscheinlich gibt es viel mehr Menschen, als Sie es für möglich halten, die erstaunlich gut zu überhören gelernt haben, was ihr Körper ihnen zu sagen versucht, wenn ihm etwas fehlt.

So sind wir Menschen beispielsweise die einzige Spezies, die es fertig bringt, ihre Nachkommen morgens aufzuwecken und aus dem Schlaf zu reißen, wohl wissend, dass wir ihnen damit den für sie so wichtigen Schlaf rauben. Aber wir müssen ja pünktlich zur Arbeit und sie sollen rechtzeitig in der Schule erscheinen. Ohne Wecker würden wir ja auch selbst so früh am Morgen gar nicht wach. Wir hätten zwar abends früher ins Bett gehen können, wollten uns aber unbedingt noch diesen Krimi, diese Unterhaltungssendung oder diese wichtige Debatte im Fernsehen anschauen, ins Kino, Theater oder mit Bekannten essen gehen.

Außer uns Menschen ist auch kein anderes Lebewesen in der Lage, hungrig zu sein und angesichts köstlicher Nahrungsmittel einfach nichts davon zu essen. Nur wir können uns entscheiden, ob wir unseren Hunger jetzt stillen wollen oder nicht. Manchmal haben wir etwas anderes zu tun, das jetzt wichtiger ist. Manche wollen aber auch so aussehen wie die dürren Covergirls der Live-Style-Magazine und unterdrücken deshalb ihr Hungergefühl. Manche sind so unzufrieden und unglücklich – und machen dafür auch noch sich selbst verantwortlich –, dass sie ihren Körper und seine Bedürfnisse ablehnen und sich bisweilen sogar zu Tode hungern.

Wer sich vor Augen führen möchte, wie vielen Menschen es offenbar recht gut gelungen ist, ihr natürliches Bewegungsbedürfnis ebenso nachhaltig wie folgenreich zu unterdrücken, braucht sich dazu nur für einen Nachmittag in das Wartezimmer einer orthopädischen Praxis zu setzen und die dort besonders häufig anzutreffenden, meist sehr wohlbeleibten Patienten mit ihren Knie-, Hüftgelenk- und Rückenbeschwerden zu fragen, was von ihrem angeborenen Bedürfnis nach Bewegung und körperlicher Aktivität noch übrig geblieben ist. Sie hätten in ihrem Leben anderes zu tun gehabt, als Gymnastik zu machen oder Sport zu treiben, werden die meisten antworten. Und das sei auch schon so gewesen, bevor sie diese ganzen Beschwerden plagten. An die lustvollen Momente, die sie erlebt hatten, als sie noch rennend, kletternd, Fahrrad fahrend oder schwimmend ausprobierten, was ihr Körper zu leisten imstande war, können sie sich meist gar nicht mehr erinnern. Und jetzt, mit diesen Beschwerden, fällt ihnen jede Bewegung schwer. Deshalb hoffen sie auf das neue Knie- oder Hüftgelenk, das sie ja nun hoffentlich bald eingebaut bekommen.

Kürzlich berichtete mir ein Psychotherapeut von einem starken Raucher, der seine Praxis aufgesucht hatte, weil er sich das Rauchen abgewöhnen wollte. Er meinte, es sei jetzt verpönt zu rauchen und er werde auch von seinen Kollegen verständnislos angeschaut, wenn er sich eine Zigarettenpause gönne. Der Therapeut versprach ihm eine Behandlung, die bisher bei allen Patienten sofort gewirkt habe, die zudem völlig ungefährlich und ohne Nebenwirkungen sei und die ihn verlässlich für immer zu einem völligen Nichtraucher mache. Diese Methode würde er gern bei ihm einsetzen. Davon war der Raucher begeistert und erkundigte sich, wie diese Behandlung aussehe.

»Ganz einfach«, sagte der Therapeut, »Sie zünden sich ab jetzt keine Zigarette mehr an und lassen sich auch von niemand anderem jemals wieder eine anzünden.« Verärgert verließ der Raucher die Praxis. Offenbar wollte er gar nicht aus einem inneren Bedürfnis heraus mit dem Rauchen aufhören. Dass er seine Atemluft verqualmte, seine Lunge schädigte und seinen Geruchssinn verlor, waren für ihn keine ausreichend starken Motive, um mit dem Rauchen aufzuhören. Ihm ging es primär um sein Ansehen, um die Anerkennung und Wertschätzung durch andere oder was sonst er sich von ihnen erhoffte, wenn er endlich so wie sie Nichtraucher würde. Deshalb suchte er nach jemandem, der ihn behandelte – und an den er die Verantwortung abschieben konnte, falls es nicht klappte.

Diese Beispiele machen deutlich, wie sehr die Entscheidung eines Menschen, die aus seinem Körper zum Gehirn weitergeleiteten Signale wahrzunehmen und auf das so zum Ausdruck gebrachte körperliche Bedürfnis zu reagieren, davon abhängt, was die betreffende Person wichtig findet. Entweder ist das die Wiederherstellung eines möglichst kohärenten Zustandes im eigenen Körper oder das Erreichen eines möglichst kohärenten Zustandes im Zusammenleben mit und in der Beziehung zu anderen. »Subjektive Zuschreibung von Bedeutsamkeit« nennen das die Psychologen, und die Hirnforscher können inzwischen auch erklären, weshalb ein Mensch sein Handeln immer nur an dem ausrichten kann, was ihm in dieser Situation wirklich wichtiger und bedeutsamer als alles andere erscheint.

Bedeutsam für eine Person kann eine Wahrnehmung, ein Gedanke oder eine Vorstellung nur dann werden, wenn es dadurch zu einer inneren Berührung, zu einer Aktivierung emotionaler Bereiche im Gehirn und zu einem damit einhergehenden Gefühl kommt. Was ich nicht für mich selbst als bedeutsam erlebe und deshalb auch als wichtig erachte, lässt mich kalt. Das berührt mich nicht, geht mich nichts an und löst auch keinen Handlungsimpuls in meinem Gehirn aus. Selbstverständlich können wir Menschen mehrere Handlungen gleichzeitig ausführen. Aber hoch fokussiert, mit voller Kraft und ganzem Einsatz lässt sich immer nur ein Problem lösen, niemals zwei verschiedene gleichzeitig.

Wir können uns zwar vorstellen und uns vornehmen, mit dem Rauchen aufzuhören, aber um es auch zu tun, müsste uns das wichtiger sein als alles andere. Dem eben beschriebenen Raucher war seine soziale Anerkennung, nach der er suchte, offenbar bedeutsamer als die Gesunderhaltung seines eigenen Körpers. Diese Angst, die Anerkennung anderer – und damit das Gefühl der Verbundenheit mit diesen anderen – zu verlieren, war ihm so wichtig, dass er Nichtraucher werden wollte. Aber genau aus demselben Grund, nämlich um dazuzugehören und die Anerkennung anderer, ihm wichtiger Personen zu erlangen, hatte er ja ursprünglich einmal zu rauchen begonnen. Und damals hatte er auch immer besser gelernt, die von seinem Körper zum Gehirn weitergeleiteten Signale zu ignorieren.

Jedes Mal, wenn er sich im Kreis seiner Bekannten und Freunde eine Zigarette anzündete, entstand dieses Gefühl von Verbundenheit und der in seinem Gehirn herrschende inkohärente Zustand wurde etwas kohärenter. Das war ein gutes Gefühl und die von seinem »Belohnungssystem« dabei freigesetzten Botenstoffe wirkten wie ein Dünger und stimulierten die Festigung und den Ausbau der für diese »Lösung« seines Problems aktivierten neuronalen Verschaltungen. So war allmählich eine Autobahn in seinem Gehirn entstanden, von der er nun nicht mehr herunterkam.

»Suchtgedächtnis« nennen das die Suchtforscher. Aber man braucht kein Suchtforscher zu sein, um zu erkennen, dass es für solch eine abhängig gewordene Person keine gute Idee ist, diese einmal entstandene Autobahn nun über dieselbe Auffahrt wieder verlassen zu wollen, die ihn damals dorthin gebracht hatte: das Bedürfnis nach sozialer Anerkennung und Zugehörigkeit. Es mag sein, dass es einem solchen Raucher gelingt, mit dem Rauchen aufzuhören, wenn der soziale Druck zu stark wird und er sich von der wachsenden Gemeinschaft der Nichtraucher ausgeschlossen fühlt. Was sich dabei in seinem Gehirn aber nicht aufzulösen beginnt, ist die Anziehungskraft der dort entstandenen Suchtautobahn. Deshalb wird er zeitlebens dagegen ankämpfen müssen, wieder »eine mitzurauchen«, wenn er mit anderen zusammentrifft, die er mag und bei denen er sich wohl fühlt – die aber noch immer Raucher sind.

Mühelos und ganz von allein auflösen würde sich diese einmal entstandene Suchtautobahn aber dann, wenn dieser »soziale Zwangsnichtraucher« keine Angst mehr davor haben müsste, die Vorstellungen und Erwartungen anderer erfüllen zu müssen, um von ihnen angenommen und wertgeschätzt zu werden. Wenn er endlich Menschen fände, die ihn so mögen, wie er ist. Aber die wird er nur finden können, wenn er dazu fähig wäre, sich selbst so zu mögen, wie er ist. Genau das wird ihm aber nicht gelingen, solange er so lieblos mit sich selbst und mit seinem eigenen Körper umgeht.

Die Unterdrückung seelischer Bedürfnisse

Wenn es so viele Personen gibt, die schon als Heranwachsende oder auch später im Leben sehr gut gelernt haben, ihre körperlichen Bedürfnisse zu unterdrücken und die aus ihrem Körper zum Gehirn weitergeleiteten Signale zu ignorieren, wäre es ein Wunder, wenn das nicht ebenso oder sogar in noch viel stärkerem Ausmaß für die psychischen oder seelischen Grundbedürfnisse von uns Menschen gilt. Ich kenne niemand, der beim Hineinwachsen in die Welt der Erwachsenen nicht gezwungen war oder sich dazu gezwungen fühlte, ein für sie oder ihn wichtiges, ja sogar überlebenswichtiges seelisches Grundbedürfnis zumindest eine Zeitlang zu unterdrücken. Was sonst bleibt einem Heranwachsenden mit seiner ganzen angeborenen Entdeckerfreude übrig, dem ständig gesagt wird, was wie funktioniert und was er so und nicht anders erkennen, sich aneignen oder gar auswendig lernen soll? Wie lange kann es jemand mit seiner angeborenen Lust am eigenen Gestalten ertragen, wenn ihm andere ständig zeigen, was er wie zu machen oder gar bis zu einem bestimmten Zeitpunkt zu erledigen hat? Ihm bleibt dann keine andere Lösung übrig als die Unterdrückung seiner eigenen Entdeckerfreude und Gestaltungslust. Praktisch funktioniert das durch eine immer effektiver funktionierende Hemmung derjenigen neuronalen Verschaltungen im eigenen Gehirn, von denen diese Bedürfnisse hervorgebracht und spürbar gemacht werden. Das vollständig wegzunehmen ist anstrengend, und Heranwachsende brauchen lange, bis sie es tatsächlich geschafft haben. Dann können sie endlich die Erwartungen ihrer Eltern, Erzieher oder Lehrer ohne Murren und Aufbegehren erfüllen und all das lernen, was ihnen beigebracht, und all das ausführen, was von ihnen verlangt wird.

Noch schwerer ist es, das allen Kindern angeborene Grundbedürfnis nach Verbundenheit und Zugehörigkeit zu unterdrücken. Aber auch das schaffen leider viel zu viele. Wie anders könnten sie es sonst ertragen, von ihren Eltern, Erziehern und Lehrern, oft auch von ihren älteren Geschwistern oder Spielkameraden immer wieder gemaßregelt, gescholten oder auf andere Weise verletzt zu werden, wenn sie deren Erwartungen nicht erfüllen und ihre Anordnungen nicht befolgen? Kein Wunder, dass manche diese, ihr Bindungsbedürfnis hervorbringende Hirnbereiche sogar so nachhaltig zu hemmen gelernt haben, dass sie später im Leben gar nicht mehr mit anderen emotional verbunden sein wollen.

Die meisten Heranwachsenden strengen sich an und bemühen sich, so zu werden, wie das die ihnen wichtigen Bezugspersonen von ihnen erwarten. Dann werden sie angenommen, gelobt und wertgeschätzt und dürfen dazugehören. Der zuvor noch inkohärente Zustand in ihrem Gehirn wird nun wieder etwas kohärenter und die Nervenzellverschaltungen, deren Aktivierung dazu geführt hatte, diese jeweiligen Erwartungen zu erfüllen und die entsprechenden Leistungen zu vollbringen, werden ausgebaut, verstärkt und gefestigt. Manche dieser Anpassungskünstler bemühen sich dann ihr ganzes Leben lang darum, die Erwartungen anderer zu erfüllen, um deren Anerkennung zu erlangen. Einige strengen sich dabei so sehr an, dass sie wie Getriebene wirken. Was dabei in ihrem Körper geschieht, ist ihnen so lange bedeutungslos, bis irgendetwas überhaupt nicht mehr funktioniert. Selbst dann kommen nicht alle zur Besinnung, die meisten machen dennoch einfach so weiter wie bisher und versuchen sogar, noch besser zu werden. Die Erwartungen, die früher ihre Eltern, Erzieher und Lehrer an sie gerichtet hatten, haben sie längst selbst verinnerlicht. Deshalb erwarten sie all das nun auch von sich selbst, setzen sich selbst unter Druck und treiben sich selbst mit aller Härte voran. Ihren Körper betrachten sie dabei entweder als ein lästiges Hindernis oder als ein zu optimierendes Werkzeug.

Wie lange ein so lieblos behandelter Körper das aushält und dabei auch noch einigermaßen funktioniert, hängt von seiner konstitutionellen Beschaffenheit ab. Manchen Personen gelingt es trotz dieses lieblosen Umgangs mit sich selbst, erstaunlich alt zu werden. Aber spätestens auf dem Sterbebett können die meisten, wenn sie danach gefragt werden, dann doch zum Ausdruck bringen, was sie in ihrem Leben, würde es ihnen noch einmal geschenkt, anders machen würden: Dann, sagen sie, würden sie versuchen, liebevoller zu sich selbst und zu anderen zu sein.

9. WIE KÖNNEN WIR UNSER ZUSAMMENLEBEN LIEBEVOLLER GESTALTEN?

In einer Welt, in der so viele Menschen wie Getriebene umherhetzen, nichts verpassen und einander ständig überholen wollen, in der Leistung und Aufstieg zählen und jeder möglich viel besitzen oder erleben will, ist es nicht leicht, liebevoll zu sein – weder all diesen anderen gegenüber noch zu sich selbst. Ein erster Schritt wäre aber gemacht, wenn wir zu erahnen oder zu verstehen begännen, weshalb wir diese lieblose Art des Zusammenlebens auszuhalten oder gar mitzumachen bereit sind.

Offenbar hat auch das etwas mit dem Zweiten Hauptsatz der Thermodynamik zu tun. Nicht nur unser Gehirn und unser ganzer Organismus, sondern auch jede menschliche Gemeinschaft muss, um ihn nicht zu verletzten und dann auseinanderzufallen, den zur Aufrechterhaltung der jeweiligen Strukturen und Funktionen erforderlichen Energieaufwand minimieren, also dafür sorgen, dass alles, was in ihr abläuft, einigermaßen zusammenpasst und aufeinander abgestimmt ist.

Wie unser Gehirn das macht und dass nicht alle dabei gefundenen Lösungen auch langfristig günstig für unsere Gesundheit sind, hatten wir bereits herausgearbeitet. Bisher unbeantwortet geblieben ist dabei die Frage, wie es eine menschliche Gemeinschaft oder gar eine ganze Gesellschaft schafft, das Zusammenwirken ihrer Mitglieder so zu gestalten, dass alles möglichst gut zusammenpasst und deshalb nur sehr wenig Energie zur Aufrechterhaltung ihrer inneren Ordnung und ihrer Funktionen verbraucht wird. Am einfachsten ging das bisher, wenn sie einen starken Anführer hatte, der allen anderen Mitgliedern unmissverständlich sagte, wo es entlangging, was sie zu tun und zu lassen hatten und nach welchen Regeln ihr Zusammenleben zu gestalten war.

»Hierarchie« nennen die Soziologen diese kohärenzstiftende Ordnungsstruktur. Sie ist mit der Sesshaftwerdung schon vor vielen Jahrtausenden entstanden, und weil sie sich in so vieler Hinsicht, nicht zuletzt in kriegerischen Auseinandersetzungen, gut bewährte, ist sie von fast allen menschlichen Gemeinschaften überall auf der Welt übernommen worden. Auch in demokratisch verfassten Gesellschaften wie unserer sind hierarchische Ordnungsstrukturen in vielen Bereichen unseres Zusammenlebens noch weiter präsent, nicht nur im Militär, auch in Unternehmen und Organisationen, in Parteien und Vereinen, in Schulen, auch in der Kirche und kommunalen Verwaltungen, sogar in noch immer sehr traditionell organisierten Familien. Solange sie gut funktionieren, sichern diese hierarchischen Ordnungsstrukturen das koordinierte Zusammenwirken ihrer Mitglieder und ermöglichen kollektive Leistungen, die von menschlichen Gemeinschaften ohne solche kohärenzstiftenden Hierarchien nicht erbracht werden könnten. Das gilt nicht nur für den Bau der ägyptischen Pyramiden oder den Flug zum Mond, sondern auch für die Hexenverbrennungen und den Holocaust.

Was nicht mehr zusammenpasst, zerfällt von ganz allein

Allerdings können solche hierarchischen Strukturen nur so lange funktionieren und ihre innere Stufenleiter von Machtpositionen aufrechterhalten, wie die Welt, die sie ordnen sollen, noch hinreichend einfach und überschaubar ist und sich vor allem nicht allzu schnell verändert. In unserer gegenwärtigen, immer komplexer werdenden und sich immer rascher umgestaltenden globalisierten und digitalisierten Welt erweisen sich diese hierarchischen Ordnungen deshalb als ungeeignet. Sie haben ihre kohärenzstiftende Wirkung verloren, das damit einhergehende Durcheinander in der Gesellschaft wird zunehmend unkontrollierbar. Zu viele Menschen sind verunsichert und erhoffen sich Rettung von einem Führer, der die alte Ordnung wieder herstellt. Deshalb erleben wir gegenwärtig die wohl schwierigste Übergangzeit der gesamten Menschheitsgeschichte. Die bisher ordnungsstiftenden Strukturen funktionieren nicht mehr und eine der Komplexität und Veränderbarkeit unserer heutigen Lebenswelt gewachsene, kohärenzstiftende Kraft ist nicht in Sicht.

Was die Suche nach einer neuen kohärenzstiftenden Kraft so schwer macht und uns immer wieder in die alten, unbrauchbar gewordenen Bahnen zurückwirft, ist der Umstand, dass sich die unser Denken, Fühlen und Handeln noch heute bestimmenden Verschaltungsmuster im Gehirn zu einer Zeit und unter Bedingungen herausgebildet haben, als wir selbst in genau diese alten, hierarchisch geordneten sozialen Beziehungsgefüge hineingewachsen sind. Zum Teil schon im Elternhaus, spätestens aber im Kindergarten, in der Schule, in der Ausbildung und auch im Berufsleben gab es hierarchisch geordnete Zustände und Verhältnisse. Sie passten nicht zu unseren Erwartungen und erzeugten Probleme, die sich als immer wieder auftauchende Inkohärenzen in unseren Gehirnen ausbreiteten. Die vorgefundenen Zustände und Verhältnisse bestimmten dann meist auch die Lösungen, die jede und jeder von uns damals fand, um diese verloren gegangene Kohärenz wiederherzustellen.

Manche mussten erleben, dass ihre Eltern, Erzieher, Lehrer und Vorgesetzten, ihre Spielkameraden oder Arbeitskollegen sie mit den altbewährten Unterdrückungsmethoden, mit Gewalt oder der Androhung von Repressalien dazu bringen wollten, ihre Vorstellungen und Erwartungen zu erfüllen. Andere wurden durch das In-Aussicht-Stellen von Belohnungen oder Geschenken dazu verleitet, das zu tun, was ihre Verführer von ihnen erwarteten. Egal, ob auf die eine oder die andere Weise, alle wurden dabei zwangsläufig zu Objekten der Absichten und Ziele, der Belehrungen und Bewertungen, der Maßnahmen oder Anordnungen ihrer jeweiligen Bezugspersonen oder Vorgesetzten gemacht.

Befreien konnten sie sich als Einzelne aus dieser misslichen Situation meist nur, indem sie sich all das zu eigen machten, was ihnen half, auf der Stufenleiter der hierarchischen Ordnung die nächsthöhere Sprosse zu erklimmen. Dazu mussten sie die entsprechenden Vorgaben erfüllen, Leistung erbringen, besser, schneller und erfolgreicher sein als andere. Zu schaffen war das nur durch die Unterdrückung ihrer körperlichen und seelischen Grundbedürfnisse. Ihr Ziel, auf der Karriereleiter möglichst schnell voranzukommen, um selbst Einfluss, Macht und Anerkennung zu erlangen, war ihnen weitaus bedeutsamer, als liebevoll mit sich selbst und mit anderen umzugehen. Statt verantwortungsvoll ihr Leben und ihr Zusammenleben mit anderen zu gestalten, lernten sie, jede sich bietende Chance, um selber voranzukommen, möglichst rasch am Schopf zu greifen. So wurden sie zu ähnlich rücksichtslosen Aufsteigern im Kampf um die besten Plätze in derselben, hierarchisch geordneten Gesellschaft, in die sie hineingewachsen waren. Und die Verlierer, die unten hängengeblieben waren, beneideten diejenigen, die weiter oben gelandet waren, um ihre Erfolge.

Dass auch ohne die bisher herrschende hierarchische Ordnung ein fruchtbares Zusammenleben möglich ist, können sich weder diejenigen vorstellen, die auf dieser Leiter weiter oben gelandet sind, noch diejenigen, die auf den unteren Stufen stecken blieben. Was wäre ein Leben noch wert, das jemand mit dem ständigen Bemühen um Anerkennung, Erfolg, Einfluss, Macht und Reichtum verbracht hat, wenn es keine Aufstiegschancen auf der Karriereleiter mehr gäbe? Und wie sollte jemandem, dem all das in seinem bisherigen Leben versagt geblieben ist, etwas anderes einfallen, als nun selbst die Macht zu ergreifen, wenn die alten Machtstrukturen endlich zusammengebrochen und zerfallen sind?

Damit etwas Neues entstehen kann, braucht es dafür günstige Bedingungen

Wenn hierarchische Ordnungsstrukturen ihre kohärenzstiftende Kraft in einer zu komplex gewordenen und sich zu rasch verändernden Welt nicht mehr entfalten können, beginnen sie sich aufzulösen. Gegenwärtig lässt sich das in allen hochentwickelten Gesellschaften beobachten, zum Beispiel in den großen Unternehmen, die längst damit begonnen haben, ihre alten Hierarchien flacher zu gestalten, mehr Verantwortung von den Führungskräften auf die Mitarbeiter zu übertragen und ihnen einen größeren Gestaltungsspielraum einzuräumen. Funktionieren kann das allerdings nur mit Mitarbeitern, die auch wirklich selbst etwas gestalten und dafür auch Verantwortung übernehmen wollen. Das aber lässt sich nicht von »oben« anordnen oder befehlen und dazu kann man diese Mitarbeiter auch nicht mit Versprechungen und Geschenken verführen. Das machen sie nur dann, wenn sie es selbst wollen. Deshalb ist es die wichtigste Aufgabe einer Führungskraft, ihre Mitarbeiter einzuladen, zu ermutigen und zu inspirieren, betriebliche Abläufe selbstbestimmt und selbstverantwortlich zu gestalten – und sich damit selbst als Führungskraft überflüssig zu machen. So zerfällt dann zwangsläufig in solchen Unternehmen auch die alte hierarchische Ordnung. Als kohärenzstiftende Kraft tritt an ihre Stelle eine Gemeinschaft von Mitarbeitern, die nicht nur bereit sind, sondern auch Lust darauf haben, sich mit all ihren erworbenen Kompetenzen für ihr Unternehmen einzusetzen. Diese Bereitschaft fällt freilich nicht vom Himmel. Sie kann nur dann entstehen, wenn auch wirklich allen Mitarbeitern das Wohl ihres Unternehmens am Herzen liegt. Dass sie dort alle möglichst viel Geld verdienen wollen, weckt diese innere Bereitschaft nicht. Dass sie dann alle mehr zu sagen haben, auch nicht. Aber wenn sie ein gemeinsames Anliegen finden, das jedem Mitglied gleichermaßen am Herzen liegt, das sich aber nur in der Gemeinschaft mit den Anderen verwirklichen lässt, werden auch alle bereit sein, sich mit aller Kraft, selbstgestaltend und selbstverantwortlich dafür einzusetzen. Dann gelingt es auch mühelos, die vielen unterschiedlichen persönlichen Absichten und Ziele zugunsten der Verwirklichung dieses gemeinsamen Anliegens zurückzustellen.

Dieses Beispiel macht deutlich, unter welchen Voraussetzungen es möglich ist, ungeeignet gewordene hierarchische Ordnungsstrukturen durch eine neue, kohärenzstiftende Kraft zu ersetzen: Anstelle einer Führungskraft, die dafür sorgt, dass die Zusammenarbeit der Mitarbeiter optimal organisiert und die anfallenden Aufgaben ordnungsgemäß erledigt werden, müssten die Mitarbeiter selbst das Bedürfnis in sich spüren und aus diesem inneren Bedürfnis heraus dafür sorgen, dass die Zusammenarbeit perfekt funktioniert und alle Aufgaben so gut wie möglich in einer gemeinsamen Anstrengung erfüllt werden. Dann wäre die kohärenzstiftende Kraft, die bisher in den Händen der Führungskräfte lag, im Gehirn jedes einzelnen Mitarbeiters verankert – als persönliches Herzensanliegen, das sich aber nur gemeinsam mit allen anderen verwirklichen lässt: Anstelle des Chefs würde nun dieses gemeinsame Anliegen die »innere Führung« der Mitarbeiterschaft übernehmen.

Überall dort, wo sich die alten hierarchischen Ordnungsstrukturen und damit auch das alte Machtgefälle innerhalb einer menschlichen Gemeinschaft aufzulösen beginnt und durch ein gemeinsam verfolgtes Anliegen ersetzt wird, hören die Mitglieder solcher Gemeinschaften auch auf, sich gegenseitig zu Objekten ihrer Vorstellungen und Erwartungen, ihrer Besserwisserei und ihrer Bewertungen zu machen. Das ist in Familien so, in Parteien und Vereinen, in Unternehmen und Organisationen, auch in der EU oder in UNO. Bis dieses neue, kohärenzstiftende gemeinsame Anliegen in all diesen Gemeinschaften gefunden worden ist, wird wohl noch einige Zeit vergehen. Aber es reicht ja, zumindest die Richtung zu erkennen, dem dieser sich selbst organisierende Prozess folgt. Wer erst einmal weiß, wohin sich etwas von ganz allein bewegt, wird auch nicht länger versuchen, diesen Prozess aufhalten oder umlenken zu wollen. Auch in einem Fluss ist es beglückender und langfristig gesünder, sich mit der Strömung treiben zu lassen als gegen sie anzuschwimmen.

Wer sein Zusammenleben mit anderen gestalten will, muss sich als Subjekt erleben

Als Neurobiologe und Hirnforscher habe ich mich auch für all das interessiert und mit all dem befasst, was zu einem funktionierenden Gehirn dazugehört – dem Körper, mit dem es verbunden ist, und der sozialen Gemeinschaft, in die jeder Mensch eingebettet ist. Manche haben mich deshalb für einen Arzt oder Soziologen gehalten, andere haben mir vorgeworfen, mich in ihre jeweiligen Spezialgebiete ohne hinreichende Sachkenntnis einzumischen. So habe ich gelernt, wie leicht man von anderen Personen zum Objekt ihrer Bewertungen gemacht werden kann. Zum Glück hat mir das nichts ausgemacht. Bedeutsamer für mich war es, der Frage nachzugehen, was Menschen daran hindert, die in jedem Einzelnen von ihnen angelegten Potentiale, ihre Talente und Begabungen so gut wie möglich zur Entfaltung zu bringen. Denn dass zu Beginn der Hirnentwicklung bereits vorgeburtlich und dann auch noch im Kindesalter mehr Nervenzellen und erst recht mehr Fortsätze und Vernetzungen dieser Nervenzellen angelegt werden, als später, im erwachsenen Zustand, davon übrig bleiben, war zumindest einigen Hirnforschern schon seit den sechziger Jahren des vergangenen Jahrhunderts bekannt.

Wer zu große und für ihn unlösbare Probleme hat, kann dieses Potential ebenso wenig entfalten und möglichst viele dieser bereitgestellten Nervenzellverknüpfungen stabilisieren wie jemand, dem von anderen alle Probleme abgenommen und aus dem Weg geräumt werden. Das größte Problem, das oft schon Heranwachsenden zu schaffen macht, erwächst aus der Erfahrung, von anderen, ihnen wichtigen Bezugspersonen wie ein Objekt behandelt zu werden. Dann verschwindet ihre bis dahin noch vorhandene Offenheit, ihre Beziehungsfähigkeit, ihr Einführungsvermögen, ihre Entdeckerfreude und Gestaltungslust. Ihre gesamte Aufmerksamkeit, ihr ganzes Denken, Fühlen und Handeln wird nun auf die Suche nach einer Lösung für dieses Problem ausgerichtet. Manche sind ihr ganzes Leben lang tagtäglich so unterwegs. Ihr Gehirn wird dann zu einer Kümmerversion dessen, was daraus hätte werden können.

Das ist mir schon vor einigen Jahren klar geworden, und bis heute antworte ich auf die Frage, was Menschen brauchen, um ihre Potentiale, ihre Talente und Begabungen endlich entfalten zu können: »Sie müssten aufhören, sich gegenseitig zu Objekten ihrer Absichten, Belehrungen, Bewertungen oder Maßnahmen zu machen, und stattdessen versuchen, einander als Subjekte zu begegnen.« »Etwas mehr Hirn, bitte«, schien mir ein sehr geeigneter Titel für das Buch zu sein, in dem ich diesen, aus meiner Sicht sehr einfachen Ansatz vorstellte. Dass ich die Leserinnen und Leser mit diesem Titel allerdings selbst zum Objekt meiner gutgemeinten Ratschläge machte, war mir damals gar nicht aufgefallen. Hinzu kam, dass ich Rückmeldungen zu diesem Buch bekam, die mir deutlich machten, dass durchaus nicht allen klar war, was ich mit dem Wiederfinden der eigenen Subjekthaftigkeit meinte. Manche kannten die Begriffe Subjekt und Objekt offenbar nur aus der Grammatik und fragten nach dem Prädikat. So ging es also nicht.

Ich begann also nach einem geeigneteren Begriff für das zu suchen, was einen Menschen auszeichnet, der sich selbst als Subjekt erlebt und keinen anderen mehr als Objekt behandelt. Das freilich kann nur jemand, der eine Vorstellung seiner eigenen Würde herausgebildet hat. Wer sich seiner eigenen Würde bewusst ist, stellt sich anderen nicht mehr als Objekt zur Durchsetzung von deren Interessen und Absichten zur Verfügung. So eine Person ist dann auch nicht mehr verführbar. Als ich dann anstelle des Objekt- und Subjektbegriffes den Würdebegriff verwendete, um das Gleiche damit zum Ausdruck zu bringen, musste ich allerdings feststellen, dass es viele Menschen gab, die den Begriff »Würde« dem Bereich von gesellschaftlichen Werte- und Normvorstellungen, ähnlich wie Ethik und Moral, zuordneten. Sie begannen darüber zu diskutieren, was allgemein unter »der Würde des Menschen« zu verstehen sei, und es machte mir große Mühe, immer wieder zu erklären, dass es nicht um die Würde im Allgemeinen, sondern um die Wahrung der eigenen Würde im alltäglichen Handeln jedes einzelnen

Menschen ginge. So recht hat also auch dieser Ansatz nicht funktioniert.

Seither mache ich den Vorschlag und lade andere Menschen ein, doch einfach etwas liebevoller mit sich selbst umzugehen. Im Kern ist das immer noch dasselbe, denn sobald sich jemand dazu entschließt, etwas liebevoller zu sich selbst zu sein und nichts mehr zu tun, was ihr oder ihm nicht guttut, erlangt diese Person zumindest bei der Umsetzung dieses Bemühens wieder die Gestaltungshoheit über ihren eigenen Lebensvollzug zurück. Sie erlebt sich also wieder als selbstwirksames und selbstverantwortliches Subjekt. Und indem eine Person wieder in ihre eigene Subjekthaftigkeit zurückfindet, stellt sie sich auch anderen nicht mehr länger als Objekt für die Verwirklichung von deren Absichten und Zielen zur Verfügung. So bewahrt sie also zwangsläufig auch ihre eigene Würde.

Ob jemand sich dafür entscheidet, fortan etwas liebevoller mit sich selbst umzugehen, lässt auch nicht viel Raum für endlose Diskussionen. Entweder sie oder er entschließt sich dazu und probiert es zumindest einmal aus. Oder auch nicht. Das bleibt einzig und allein dieser Person überlassen und hängt auch in keiner Weise davon ab, ob andere das ebenfalls tun. Allerdings wird jede und jeder, der damit beginnt, etwas liebevoller mit sich selbst umzugehen, sehr schnell bemerken, dass sie oder er sich dann auch selbst lieber mag.

Wer sich selbst zu mögen beginnt, fängt an, die Welt und seine Mitmenschen mit anderen Augen zu betrachten: ebenfalls liebevoller. Und wer das erlebt, wird sich sehr wahrscheinlich darum bemühen, das Zusammenleben mit diesen anderen künftig etwas liebevoller zu gestalten ...

So könnte es gehen, und es könnte sogar sein, dass wir dann alle etwas mehr Freude im Leben finden, dass wir glücklicher und gesünder werden.

10. ES IST NIE ZU SPÄT, UM WIEDER GESUND ZU WERDEN

Oft werden menschliche Gemeinschaften mit den Vergesellschaftungsformen verglichen, die auch im Tierreich anzutreffen sind, mit den Schwärmen beispielsweise, die Heuschrecken, Fische und Vögel bilden, oder mit den Rudeln und Herden, in denen Wölfe oder Büffel umherziehen, und besonders gern mit sozial organisierten Staaten von Bienen, Ameisen oder Nacktmullen. Aus diesen Vergleichen lassen sich dann scheinbar biologische Begründungen dafür ableiten, weshalb es so etwas wie »Schwarmintelligenz«, Leithammel und Königinnen in menschlichen Gesellschaften geben muss und weshalb auch Gesellschaften untergehen, wenn sie ihre Schwarmintelligenz einbüßen, das Leittier versagt oder die Königin stirbt. Auf den ersten Blick sind das einleuchtende Übertragungen, aber sie treffen nicht den Kern dessen, was eine menschliche Gemeinschaft ausmacht. Deren Ursprünge lassen sich erst dort finden, wo Formen des Zusammenlebens entstanden sind, in die sich jedes einzelne Mitglied mit seinem individuellen Können und Wissen einbringen konnte und in denen alle Mitglieder durch ein emotionales Band von Vertrautheit und Respekt miteinander verbunden waren.

Die Fähigkeit, solche »individualisierten Gemeinschaften« herauszubilden, ist das Herausstellungsmerkmal der Primaten. Wir Menschen haben sie im Lauf unserer Entwicklungsgeschichte über Jahrtausende und entsprechend viele Generationen hinweg immer weiter zur Entfaltung gebracht. Dafür brauchten wir ein zeitlebens lernfähiges Gehirn, und für dessen Herausbildung und Entfaltung bot diese Form des Zusammenlebens in individualisierten Gemeinschaften die günstigsten Voraussetzungen: Auf jede und jeden kommt es an, aber weiter geht es nur gemeinsam. Wenn ein Mitglied einer solchen Gemeinschaft etwas Neues, für alle anderen ebenfalls Brauchbares entdeckte, breitete sich diese Innovation in kurzer Zeit unter allen anderen Mitgliedern aus. Anschließend wurde sie auch an die jeweiligen Nachkommen weitergegeben. So verbreitete sich eine neue Kulturleistung nach der anderen. Hervorgebracht wurde sie jeweils von Einzelnen, aber umgesetzt, genutzt und überliefert wurde sie von allen Mitgliedern der betreffenden Gemeinschaft. Ohne diese besondere Fähigkeit zur horizontalen und vertikalen Weitergabe von Kulturleistungen säßen wir heute noch alle auf den Bäumen.

Natürlich kann in einer solchen individualisierten Gemeinschaft ein Einzelner auch auf die Idee kommen, andere Mitglieder für seine Zwecke zu benutzen, sie also wie Objekte zur Verwirklichung seiner persönlichen Absichten und Ziele zu behandeln. Solange solche Einzelnen damit Erfolg haben, beginnen auch andere diese Vorgehensweise gezielt einzusetzen. So kann sich auch diese »Kulturleistung« bisweilen in der gesamten Gemeinschaft als fortschreitende Lieblosigkeit ausbreiten. Sie wird dann auch von den Kindern und Jugendlichen übernommen und führt dazu, dass auch sie lernen, ebenso lieblos mit anderen umzugehen und – um möglichst erfolgreich zu sein – auch zunehmend liebloser zu sich selbst zu sein. In den Gehirnen sowohl der Verursacher wie auch der Opfer der sich auf diese Weise in der betreffenden Gesellschaft ausbreitenden Lieblosigkeit kommt es dadurch zu einer dauerhaft fortbestehenden Inkohärenz. Wenn sie auch auf die für die Regulation und Koordination der im eigenen Körper ablaufenden Prozesse verantwortlichen Bereiche übergreift, ist es nur noch eine Frage der Zeit, wie lange der betreffende Körper das aushält.

Aber in einer solchen, von Erfolgsstreben, Wettbewerb und Leistungsdruck bestimmten Gemeinschaft ist es dennoch jederzeit möglich, dass ein Einzelner oder eine Einzelne auf die Idee kommt, ganz persönlich etwas liebevoller mit sich selbst umzugehen. Zwangsläufig werden dann auch andere das ausprobieren und bemerken, dass ihnen das guttut, dass sie sich wieder stärker mit sich selbst verbunden fühlen, sich auch wieder als gestaltende Subjekte erleben, dass sie würdevoller und authentischer auftreten, glücklicher sind und seltener krank werden. Dann kann es sehr leicht geschehen, dass sich diese Art des Umgangs mit sich selbst und mit anderen als eine innovative »Kulturleistung« in der gesamten Gemeinschaft ausbreitet.

Was es heißt, körperlich und seelisch gesund zu sein

Gibt es in Ihrem Bekanntenkreis eine Person, die mit sich und ihrem Leben zufrieden scheint, die sehr liebevoll mit sich und anderen umgeht, die sehr offen und zugewandt, hilfsbereit und achtsam ist und die auch auffällig selten krank ist? Ich kenne drei solche Menschen. Bemerkenswerterweise gehören alle drei zu der Gruppe derjenigen, die nach unseren gegenwärtigen Maßstäben als »Behinderte« bezeichnet werden. Einer ist querschnittsgelähmt, eine hat von Geburt an verstümmelte Arme und eine kam mit Trisomie 21 auf die Welt. Leicht haben sie es, von außen betrachtet, alle nicht. Und normal, also der Durchschnittsnorm entsprechend, sind sie auch nicht. Auch die sehr verbreitete Vorstellung, besser als andere sein zu wollen oder gar zu müssen, um deren Anerkennung zu gewinnen, ist ihnen fremd. Häufig werden sie von anderen Menschen zum Objekt ihrer Bewertung gemacht und bedauert. Nicht selten will ihnen jemand bei etwas helfen, was sie allein können. Früher wurden sie sogar noch als Krüppel bezeichnet und wie Idioten behandelt.

Woher nehmen diese besonderen Menschen die Kraft, all das auszuhalten? Worauf beruht ihre bemerkenswerte Resilienz? Sie werden es schon ahnen: Sie leben nicht mit der Vorstellung, die Erwartungen all der vielen »normalen« Menschen erfüllen zu wollen. Sie brauchen nicht mit diesen anderen zu konkurrieren und müssen sich auch nicht anstrengen, um so zu werden, wie die sind, und all das so zu machen, wie diese es für richtig erachten. Sie können bei sich bleiben und müssen sich nicht verbiegen. Wahrscheinlich gelingt es ihnen deshalb so gut, sich selbst so anzunehmen, wie sie sind, und sich liebevoll um ihren gebrechlichen Körper zu kümmern. Es mag sein, dass das nicht allen so geht, dass es auch manche sogenannte Behinderte gibt, die mit ihrem Schicksal hadern, ihren geplagten Körper als Last empfinden und lieblos mit sich selbst und auch mit anderen umgehen. Denen geht es dann allerdings genauso wie uns »Normalen«, sie werden nicht wirklich froh in ihrem Leben, bekommen immer mehr körperliche Probleme und werden zu oft krank.

Was es heißt, wieder gesund zu werden

Wer krank geworden ist, so sollte man meinen, möchte möglichst schnell wieder gesund werden. Manchen Menschen bietet der Zustand, an irgendetwas erkrankt zu sein, aber auch gewisse Vorteile. Oder besser ausgedrückt: Manche haben in ihrem Leben die Erfahrung gemacht, dass sich immer dann, wenn sie krank waren, jemand um sie kümmerte, sie umsorgte und pflegte. Besonders anfällig dafür sind all jene Personen, die ihr Grundbedürfnis nach Verbundenheit und Geborgenheit nicht hinreichend gut stillen konnten und zu oft erleben mussten, dass sie mit ihren Problemen, mit all der vielen Arbeit oder den Sorgen um ihre Kinder oder um erkrankte Eltern alleingelassen wurden. Nie war jemand da, der sich um sie kümmerte und ihnen beistand.

Das war alles nicht so, wie sie es erwartet, sich vorgestellt oder erhofft hatten. In ihrem Gehirn herrschte deshalb ein fortwährend inkohärenter Zustand. Sie wurden so anfälliger für alle möglichen Erkrankungen. Und wenn sie dann krank geworden waren und sich Eltern, Partner, Nachbarn, Ärzte und Krankenschwestern um sie zu kümmern begannen, wurde die Inkohärenz in ihrem Gehirn wieder etwas kohärenter. So war das Leben besser auszuhalten, allerdings nur, solange sie auch krank blieben. Bewusst macht das wahrscheinlich niemand, aber bisweilen geraten einzelne Personen in eine solche Situation, in der sie ganz einfach spüren, dass ihnen ihr Kranksein in gewisser Weise guttut.

Eine tragfähige Lösung ist eine solche Flucht in den Zustand des Krankseins freilich nicht. Denn das Leben ist ja kein Zustand, sondern ein Prozess. Deshalb können wir auch das Leben weder festhalten noch anhalten. Es geht immer weiter, verändert sich von Augenblick zu Augenblick, solange wir lebendig sind. Natürlich können wir im Verlauf dieses lebendigen Prozesses auch krank werden. Doch auch das Kranksein ist dann kein Zustand, sondern gehört zu diesem Leben, ist Teil dieses lebendigen Prozesses. Das Gleiche gilt für das Gesundsein. Auch das ist ein sich immer wieder neu organisierender Prozess. Ich kann jeden Tag etwas kränker werden oder auch wieder gesünder. Aber ich kann nicht morgen genauso krank oder gesund sein, wie ich es heute bin.

Dazu müsste alles Lebendige in mir aufhören, lebendig zu sein. Erst dann wären Gesundheit oder Krankheit festgefügte, klar definierbare und anhand objektiver Kriterien messbare Zustände.

Krank zu werden heißt also, einen Prozess zu durchlaufen, der zu einer sich im gesamten Organismus ausbreitenden Inkohärenz führt. Der zur Aufrechterhaltung seiner Strukturen und Funktionen erforderliche Energieaufwand wächst dabei so lange an, bis alle Energiereserven erschöpft sind und die Integrität des Organismus nicht mehr länger aufrechterhalten werden kann. Im Verlauf dieses Prozesses besteht jedoch jederzeit die Möglichkeit, dass die sich ausbreitenden Inkohärenzen wieder ausgeglichen und kohärenter gestaltet werden können. Wenn das gelingt, wird die betreffende Person von Tag zu Tag auch wieder gesünder.

Wann ist es zu spät, um die Selbstheilungskräfte wieder zu stärken?

Die in den tieferen Bereichen des Gehirns herausgeformten neuronalen Netzwerke zur Regulation und Koordination der im Körper ablaufenden Prozesse sind normalerweise sehr gut in der Lage, im gesamten Körper oder in einzelnen Organen entstandene Inkohärenzen wieder in einen kohärenteren Zustand zu verwandeln. Sie nutzen dazu ihre Fähigkeit zur Steuerung übergreifender, den ganzen Organismus beeinflussender Regelsysteme. Dazu zählen das vegetative Nervensystem, das endokrine System, das kardiovaskuläre

System und das Immunsystem. Durch elektrische Impulse oder durch die Freisetzung bestimmter Botenstoffe kann das Gehirn deren Aktivität so verändern, dass alles, was im Körper abläuft, möglichst gut aufeinander abgestimmt und eingetretene Störungen wieder ausgeglichen werden.

Damit das auch wirklich ein Leben lang gelingt, muss das Gehirn auch mitbekommen, wenn irgendwo im Körper eine Inkohärenz entstanden ist. Es gibt allerdings Personen – früher waren das insbesondere nach viel Anerkennung und Erfolg strebende Männer –, die erstaunlich gut gelernt haben, die aus ihrem Körper zum Gehirn weitergeleiteten Signale zu ignorieren und so lange zu unterdrücken, bis sie unfähig sind, überhaupt noch zu spüren, dass etwas in ihrem Körper nicht stimmt. Die werden deshalb irgendwann krank.

Allerdings können auch diese Personen, die sich selbst im Gehirn »taub gemacht« haben, zu jedem Zeitpunkt ihres Lebens lernen, die aus ihrem Körper zum Gehirn weitergeleiteten Botschaften doch wieder wahrzunehmen. Die dafür zuständigen Nervenzellverknüpfungen sind ja noch da. Die betreffenden Personen müssten sich lediglich dazu entschließen, sie wieder wahrnehmen zu wollen. Sie müssten achtsamer und liebevoller mit sich selbst umgehen. Dann würden sie auch wieder empfindlicher und empfänglicher für all das, was ihnen ihr Körper zu sagen versucht.

Schwieriger wird die Situation, wenn nicht das Gehirn, sondern der Körper, also die Zellen der verschiedenen Organe »taub« geworden sind für die vom Gehirn ausgehenden Steuerungssignale. Auch die verschiedenen

Körperzellen müssen ja dafür sorgen, dass in ihrem Inneren wie auch in ihrem Zusammenwirken mit anderen Zellen alles möglichst gut zusammenpasst. Auch sie halten Inkohärenzen nicht allzu lange aus. Und auch sie verfügen über ein Spektrum von Reaktionsmustern, um ihre durch Störungen verloren gegangenen Kohärenzen wiederherzustellen. Meist greifen sie dazu auf bestimmte, in ihrem Zellkern abgespeicherte Gensequenzen zurück und verändern das, was die Molekularbiologen »Genexpression« nennen. Die eingetretene Störung geht damit einher, dass sich in diesen Zellen bestimmte Stoffwechselprodukte ansammeln. Manche dringen als Signalstoffe in den Zellkern vor und führen dazu, dass dort bestimmte DNA-Sequenzen vermehrt oder vermindert abgeschrieben, stillgelegt oder aktiviert werden. Aus diesen Nukleinsäuresequenzen stellen die Zellen dann entsprechende, für besondere Leistungen und Aufgaben gebrauchte Eiweiße her. So können diese Zellen auf ein bestimmtes Problem mit einer bestimmten, aus ihrem Genom abgerufenen Lösung reagieren. Die betreffende Zelle hat sich dann allerdings verändert. Sie kann nun manches besser, anderes schlechter als bisher, vielleicht auch etwas, was sie bisher noch gar nicht konnte, und dafür etwas anderes gar nicht mehr. Aber sie geht nicht mehr an dieser Störung zugrunde. Die mit ihrer veränderten Genexpression einhergehende Funktionsveränderung hat allerdings auch Auswirkungen auf benachbarte Zellen. Auch die müssen nun in ihrem Genom nach einer passenden Lösung für diese neue Situation suchen und funktionieren dann auch etwas anders als bisher. Dieser Prozess der Umformung und Umgestaltung zellulärer Leistungen kann so weit gehen, dass sich ein ganzes Organ, etwa die Leber oder der Herzmuskel, die Prostata oder die Schilddrüse, auch die Darmwand oder ein Hüftgelenk, umzubauen beginnt. Die Folge davon ist, dass das betreffende Organ seine bisherigen Funktionen nicht mehr erfüllt und auf die direkt oder indirekt aus dem Gehirn ankommenden Signale nicht mehr so wie bisher reagiert.

Dann freilich sieht es schlecht aus, denn solche tiefgreifenden Veränderungen der bisherigen Funktion und damit einhergehend dann oft auch der Struktur eines Organs sind meist irreversibel. Dann hat die betreffende Person eine verfettete Leber, ein hypertrophiertes Herz oder eine verkrümmte Wirbelsäule. Der ganze Körper und auch die für die Körperregulation zuständigen Bereiche im Gehirn müssen nun lernen, wie sich trotz dieser Veränderungen der Struktur und Funktion einzelner Organe ein kohärenter Zustand immer wieder herbeiführen lässt. Damit das gelingt, müsste die betreffende Person fortan deutlich liebevoller mit sich selbst umgehen als bisher. Denn nur selten entstehen diese Organveränderungen von allein. Meist sind sie die Folge fortdauernder Überlastungen durch eine ungesunde, lieblose Lebensweise. Auch dann, wenn im Körper schon irreversible Veränderungen stattgefunden haben, ist eine liebevollerere Lebensweise beglückender und heilsamer, als fortan mit seinem Schicksal zu hadern.

Probieren Sie es doch einfach einmal aus. Egal, wie gesund sie bisher geblieben oder wie krank sie schon geworden sind: Es ist nie zu spät, um wieder etwas liebevoller zu sich selbst zu sein.

WOHLAN DENN, HERZ, NIMM ABSCHIED UND GESUNDE ...

Mit diesem Satz endet mein Lieblingsgedicht von Hermann Hesse. Verfasst hat er es vor genau 80 Jahren, im Frühling 1941, nach einer langen Erkrankung. Er beschreibt darin das Leben als einen Prozess, in dem sich immer wieder ein neuer Raum für die Verwirklichung eigener Möglichkeiten öffnet. »Transzendieren!« war der ursprünglich von Hermann Hesse dafür gedachte Titel, aber offenbar hatte er befürchtet, dass zu viele Menschen nicht allzu viel mit dieser Aufforderung anfangen konnten. Also nannte er es »Stufen«. In diesem letzten Satz bringt er die entscheidende Voraussetzung dafür auf den Punkt, dass sich für einen Menschen ein neuer Entfaltungsraum öffnen kann: Er müsste die bisherigen Vorstellungen loslassen, denen er mit seinem Herzen anhing und die ihm so wichtig geworden waren, dass sie sein gesamtes bisherigen Leben bestimmten.

Ähnlich hatte es vor Hesse auch schon Friedrich Nietzsche in seinem Text »Der Wanderer« beschrieben:

*»Wer nur einigermaßen zur Freiheit der Vernunft
gekommen ist, kann sich auf Erden nicht anders fühlen denn als Wanderer, – wenn auch nicht als Reisender
nach einem letzten Ziele: Denn dieses gibt es nicht. Wohl
aber will er zusehen und die Augen dafür offen haben,
was alles in der Welt eigentlich vorgeht; deshalb darf er
sein Herz nicht allzu fest an alles einzelne anhängen; es
muss ihm selber etwas Wanderndes sein, das seine Freude
an dem Wechsel und der Vergänglichkeit habe.«*

Aber wie können wir verhindern, dass unsere Vorstellungen,
worauf es für ein glückliches und gesundes Leben ankommt,
nicht zu Ketten werden, »derer man sich nicht entreißt, ohne
sein Herz zu zerreißen«, wie es auch schon Karl Marx – als
einer, der wohl wusste, wovon er sprach – formuliert hatte?
Wir müssen ja bestimmte Vorstellungen aus den im Lauf
unseres Lebens gemachten Erfahrungen ableiten. Wie sonst
sollten wir uns in der Welt zurechtfinden? Wir würden ori-
entierungslos umherirren, könnten keine Entscheidungen
treffen, geschweige denn unser Leben bewusst gestalten.
Und wenn uns das dann einigermaßen gelingt, indem wir
bestimmte Vorstellungen verfolgen, verbinden wir uns auch
immer stärker mit diesen Ideen. Sie werden so zu einem festen Bestandteil unseres eigenen Selbstverständnisses, unseres
persönlichen Menschen- und Weltbildes.

Allzu leicht betrachten wir dann unsere jeweiligen
Vorstellungen, als seien sie ein untrennbarer Bestandteil
von uns selbst. Wenn jemand kommt, der diese Vorstellungen nicht teilt, der sie kritisch hinterfragt und sie wo-

möglich sogar als unzutreffend und in die Irre führend bezeichnet, erleben wir das als einen Angriff auf uns selbst, auf unsere Identität. Dagegen wehren wir uns dann meist ebenso vehement und unter Einsatz aller uns zur Verfügung stehenden Mittel, als wolle uns die betreffende Person ein Körperteil amputieren.

Immer dann, wenn wir befürchten, etwas zu verlieren, womit wir uns eng verbunden fühlen, kommt es zu einer Störung der Balance zwischen sympathischer und parasympathischer Kontrolle der Herztätigkeit. Deshalb spüren wir, »wie es uns das Herz zerreißt«, wenn wir Abschied nehmen müssen von einer, unser bisheriges Denken, Fühlen und Handeln bestimmenden Vorstellung. Dazu zwingen kann uns niemand. Das gelingt nur dann, wenn wir es selbst wollen. Es muss uns ein Bedürfnis sein, diese unbrauchbar gewordene und unseren Möglichkeitsraum versperrende Vorstellung loszulassen.

Wer sich aber einmal die Vorstellung zu eigen gemacht hat, es sei ein Naturgesetz, dass sich nur diejenigen im Leben durchsetzen und Anerkennung bei anderen finden, die es schaffen, Karriere zu machen, erfolgreicher, mächtiger und reicher zu werden als alle anderen, wird sich nur schwer von dieser Vorstellung verabschieden können. Eine solche Person wird auch dann weiterhin lieblos mit sich selbst umgehen, wenn sie weiß, dass sie davon über kurz oder lang krank wird. Mit dem Hinweis »Wohlan denn, Herz, nimm Abschied und gesunde« kann sie nichts anfangen, wahrscheinlich versteht sie gar nicht, was damit gemeint ist.

Glücklicherweise ist unser menschliches Gehirn aber so konstruiert, dass es in der Lage ist, zu jedem Zeitpunkt im Leben etwas hervorzubringen, das stärker ist als jede noch so lang verfolgte und noch so erfolgreich umgesetzte Vorstellung. Im Gegensatz zu Robotern und Automaten haben wir Menschen tief in uns angelegte lebendige Bedürfnisse. Sie werden wach, wenn sie ungestillt bleiben, und dann zwingen sie uns, darüber nachzudenken und eine Vorstellung davon zu entwickeln, wie sie zu stillen wären. Falls sich die so gefundene Vorstellung auf Dauer dafür doch nicht eignet, erwacht das betreffende Bedürfnis erneut. Auch wenn wir gelernt haben, ein lebendiges Bedürfnis zu unterdrücken, um eine bestimmte Vorstellung umsetzen zu können, ist dieses, durch die Herausbildung hemmender Nervenzellverschaltungen nicht mehr wahrgenommene Bedürfnis ja nicht weg. Es kann deshalb zu jedem Zeitpunkt im Leben wieder erwachen und so stark werden, dass die betreffende Person gezwungen ist, nach einer Lösung für die damit einhergehende Inkohärenz zu suchen. So kann sie sich eine neue Vorstellung nach der anderen zu eigen machen, bis sie irgendwann zu der Erkenntnis gelangt, dass es zu deren Umsetzung doch immer wieder notwendig ist, ein anderes lebendiges Bedürfnis in sich selbst zu unterdrücken. Vielleicht öffnet sich dann ihr Blick und die betreffende Person beginnt zu verstehen, dass wir Menschen unsere lebendigen Bedürfnisse nur stillen können, indem wir ihnen folgen. Dass unsere Bedürfnisse aus unserer eigenen Lebendigkeit erwachsende Botschaften sind, die uns auffordern, dieses

Lebendige in uns zu bewahren und ihm durch die Art und Weise, wie wir mit uns selbst und allem Lebendigen umgehen, Ausdruck zu verleihen. Dazu bedarf es keiner Vorstellung, das brauchen wir einfach nur zu tun. Zum Beispiel, indem wir etwas liebevoller mit uns selbst umgehen.

Das aber fällt den meisten Menschen gegenwärtig noch sehr schwer. Zu fest hat sich in ihren Gehirnen die Vorstellung eingegraben, alle Probleme dieser Welt ließen sich mit dem Verstand lösen. Das war das Credo, mit dem das Zeitalter der Aufklärung seinen Siegeszug vor nun schon über dreihundert Jahren begonnen hatte. Die wissenschaftlich-technischen Errungenschaften, die durch den Einsatz des nackten Verstandes in diesem Zeitraum hervorgebracht wurden, sind so beeindruckend und so bestimmend für unser heutiges Leben geworden, dass es eine naheliegende Versuchung war, die kognitiven Fähigkeiten des Menschen in den Mittelpunkt unseres eigenen Selbstverständnisses zu stellen. Erst jetzt, angesichts der wachsenden Probleme auf der Welt, wird offenbar, dass wir mit Hilfe unseres nackten Verstandes nicht nur viele Probleme lösen, sondern auch sehr viele, bisher nicht dagewesene Probleme erzeugen können. Anstatt uns immer stärker mit allem Lebendigen zu verbinden, hat uns der Einsatz unserer kognitiven Fähigkeiten immer stärker von allem Lebendigen getrennt. Wir können inzwischen auf den Mond und womöglich bald auch auf den Mars fliegen. Aber wir schauen rat- und tatenlos zu, wie jeden Tag unvorstellbar viele Menschen verhungern, immer mehr Arten aussterben, Kriege angezettelt, Urwälder und Landschaften zerstört werden – das alles und noch viele andere lebensbedrohliche Entwicklungen verdanken wir dem Einsatz der kognitiven Fähigkeiten von Menschen. Offenbar hat uns die Vorstellung, mit dem nackten Verstand ließen sich alle Probleme dieser Welt lösen, in eine fatale Sackgasse geführt.

Unser Verstand ermöglicht es uns, Vorstellungen davon herauszubilden, wie etwas gemacht werden muss, damit es zu dem gewünschten Ergebnis führt. Aber er versagt kläglich, wenn es darum geht, unsere lebendigen Bedürfnisse zu stillen. Der Verstand weiß nicht und sagt uns auch nicht, worauf es im Leben ankommt. Er hat keine Ahnung von unseren wahrhaftigen menschlichen Bedürfnissen. Im Gegenteil, ihn können wir ja sogar benutzen, um diese lebendigen Bedürfnisse zu unterdrücken. Und ihm ist es auch egal, wenn wir dadurch krank werden.

Statt mit unseren Vorstellungen müssten wir uns wieder mit unserer eigenen Lebendigkeit verbinden, mit unserer Entdeckerfreude und Gestaltungslust, mit unserer Sinnlichkeit und unserem Körperempfinden, auch mit unserem Bedürfnis nach Zugehörigkeit und Geborgenheit im Zusammenleben mit anderen. Dann könnten wir endlich auch all das wiederfinden, was wir ja alle bereits mit auf die Welt gebracht haben und zumindest eine Zeitlang erlebt hatten, als wir noch kleine Kinder waren. Aber damals wussten wir ja noch nicht, wie rasch und wie nachhaltig wir diese uns ganz selbstverständlich erscheinende Lebendigkeit verlieren, indem wir den Vorstellungen unserer Eltern, Erzieher und Lehrer und all der anderen Menschen folgen, an denen wir uns orientiert haben. Dass wir dabei gezwungen waren, diese lebendigen Bedürfnisse in uns selbst zu unterdrücken, konnten wir damals noch nicht erkennen. So haben wir gelernt, lieblos mit uns selbst umzugehen, ohne auch nur zu ahnen, dass wir uns damit nicht nur unglücklich, sondern irgendwann auch krank machen.

Jetzt, als Erwachsene und mit all den vielen Erfahrungen, die wir im Leben inzwischen gesammelt haben, können wir uns – im Gegensatz zu den Kindern, die wir damals waren – endlich selbst entscheiden, entweder weiterhin unseren bisherigen Vorstellungen nachzujagen und dabei mehr oder weniger lieblos mit uns selbst umzugehen oder fortan etwas liebevoller zu uns selbst zu sein.

All jene, die es vorziehen, genauso konsequent wie bisher ihre jeweiligen Vorstellungen von einem erfolgreichen Leben zu verfolgen, finden im Internet, auf dem Büchermarkt und in den Medien viele hilfreiche Ratgeber mit einer Menge Tipps, um dabei noch effektiver, noch schneller und noch erfolgreicher voranzukommen.

All jene, die gern genauer wissen möchten, was es bedeutet und welche Auswirkungen es hat, wenn sie sich dafür entscheiden, liebevoller mit sich umzugehen, finden dazu entsprechende Hinweise und Erfahrungsberichte auf der Website www.liebevoll.jetzt.

Und für all jene, die sich immer noch nicht entscheiden wollen, ob sie entweder ihren lebendigen Bedürfnissen oder irgendwelchen erfolgversprechenden Vorstellungen folgen wollen, stelle ich hier das ganze Gedicht von Hermann Hesse an den Schluss:

Stufen

Wie jede Blüte welkt und jede Jugend
Dem Alter weicht, blüht jede Lebensstufe,
Blüht jede Weisheit auch und jede Tugend
Zu ihrer Zeit und darf nicht ewig dauern.
Es muss das Herz bei jedem Lebensrufe
Bereit zum Abschied sein und Neubeginne,
Um sich in Tapferkeit und ohne Trauern
In andre, neue Bindungen zu geben.
Und jedem Anfang wohnt ein Zauber inne,
Der uns beschützt und der uns hilft, zu leben.

Wir sollen heiter Raum um Raum durchschreiten,
An keinem wie an einer Heimat hängen,
Der Weltgeist will nicht fesseln uns und engen,
Er will uns Stuf' um Stufe heben, weiten.
Kaum sind wir heimisch einem Lebenskreise
Und traulich eingewohnt, so droht Erschlaffen,
Nur wer bereit zu Aufbruch ist und Reise,
Mag lähmender Gewöhnung sich entraffen.

Es wird vielleicht auch noch die Todesstunde
Uns neuen Räumen jung entgegen senden,
Des Lebens Ruf an uns wird niemals enden …
Wohlan denn, Herz, nimm Abschied und gesunde!

Hermann Hesse

- Verstehbarkeit ⎫
- Gestaltbarkeit ⎬ der Welt um uns
- Sinnhaftigkeit ⎭

↳ um gesund zu werden
und zu bleiben

Vertrauensresourcen

. Vertrauen in eigene Kompetenz

. Vertrauen in Beistand von Freunden e
Familie

. Glaube daran, daß alles gut wird